맑고 밝은 가을 달
깊은 골짜기 비추네,

영양 회곡 권춘란 종가

기획 경상북도 · 경북대학교 영남문화연구원 | **지은이** 전성건

경북의 종가문화 연구진

연구책임자	정우락(경북대 국어국문학과)
공동연구원	이세동(경북대 중어중문학과)
종가선정위원장	황위주(경북대 한문학과)
종가선정위원	이수환(영남대 역사학과) 홍원식(계명대 철학과) 배영동(국립경국대 문화유산학전공) 조재모(경북대 건축학과) 이치억(공주대 윤리교육과)
종가연구팀	김소연(영남문화연구원 연구원) 정보선(영남문화연구원 연구원) 김나혜(영남문화연구원 연구원) 신소윤(영남문화연구원 연구원) 왕지화(영남문화연구원 연구보조원)

축·간·사

경상북도에서 『**경북의 종가문화**』 **시리즈** 발간사업을 시작한 지 벌써 16년째가 되었습니다. 본 사업은 더 늦기 전에 지역의 종가문화를 기록으로 남겨 후세에 전해야 한다는 절박함에서 비롯되었고, 그간 많은 분들의 노고에 힘입어 어느새 80권의 책자가 발간되는 데 이르렀습니다. 이러한 결실은 우리 지역의 문화자산으로 자리 잡아 가고 있어, 경북 도민의 한 사람으로서 무척 보람되게 생각합니다.

경북은 예로부터 수많은 명현거유名賢巨儒가 배출되었고, 그분들이 이룩한 전통문화가 집적되어 온 중심입니다. 특히 이러한 전통문화의 중심에는 바로 경북의 종가宗家가 있습니다. 종가는 수백 년에 걸쳐 지역 사회의 구심점이자 전통문화의 상징으로 자리 잡아 그 역할을 묵묵히 수행해 왔습니다. 우리 도는 많은 수의 종가가 고유의 문화를 오늘날까지 지켜 오고 있기에, 우리나라 종가문화의 보고寶庫라고 해도 과언이 아닙니다.

하지만 최근 급변하는 사회와 종손·종부의 고령화 등으로 인해 종가문화가 점차 훼손·소멸되고 있는 실정입니다. 이에 경상북도에서는 종가문화를 보존·활용하는 한편, 발전적으로 계승하기 위해 2009년부터 '**종가문화 명품화 사업**'을 추진해 오고 있습니다. 체계적인 학술조사 및 연구를 통해 관련 인프라를 구축하고, 명품 브랜드화하는 등 향후 발전 가능성을 모색하기 위해 다방면으로 노력하고 있습니다.

경북대학교 영남문화연구원을 통해 2010년부터 추진하고 있는 『경북의 종가문화』 시리즈 발간도 이러한 사업의 일환입니다. 도내 종가를 대상으로 현재까지 『경북의 종가문화』 시리즈 80권을 발간하게 되었으며, 결과물은 관계 문중은 물론 일반인들로부터도 큰 호응을 얻고 있습니다. 이들 시리즈는 종가의 입지 조건과 형성 과정, 역사, 종가의 의례 및 생활문화, 건축문화, 종손과 종부의 일상과 가풍의 전승 등을 토대로 하여 일반인들이 쉽고 재미있게 읽을 수 있는 교양서 형태의 책자 및 영상물(USB)로 제작되었습니다. 철저한 현장 조사를 바탕으로 하여 관련 분야 전문가들이 집필함으로써 알차게 내용을 꾸미는 한편, 개별 종가의 특징을 부각시키고자 노력하였습니다.

이러한 노력으로, 금년에는 『**상주 난재 채수 종가**』, 『**김천 매계 조위 종가**』, 『**영양 회곡 권춘란 종가**』, 『**영천 백운재 권응수 종가**』 등 4곳의 종가를 대상으로 시리즈 4권을 발간하게 되었습니다. 이 시리즈의 발간은 계속되어 도내 100개 종가를 목표로 연차적으로 추진해 나갈 계획입니다. 이러한 시도는 종가 관련 자료의 축적을 통해 종가문화 보존 및 활용을 위한 기초자료를 제공함은 물론, 일반인들에게 우리 전통문화의 소중함과 우수성을 알리는 데 크게 도움이 될 것입니다.

최근 유교적 가치와 문화에 대한 재조명이 활발히 이루어지고 있습니다. 그 바탕에는 오늘날까지 전통문화를 올곧이 지켜 온 종문宗門의 숨은 저력이 있었음을 기억하며, 우리 도에 내재한 전통문화를 계승해 나가야 할 것입니다. 이를 통해 경북의 정체성 확립은 물론, 미래지향적인 새로운 정신을 찾아 세계적 정신문화로의 발전으로까지 이어질 수 있을 것이라 확신합니다.

앞으로 경상북도에서는 현재 잊혀져 가는 종가문화에 대한 국가차원의 컨트롤 타워 건립 유치를 위해 힘쓸 것입니다. 아울러 종가문화에 대한 지속적인 조사·연구 추진과 더불어, 종가의 보존관리 및 활용방안을 모색하는 데 적극 노력해 나갈 것을 약속드립니다. 이를 통해 전통문화를 소중히 지켜 오신 종손·종부님들의 자긍심을 고취시키고, 나아가 전국의 종가를 연계하는 종가문화 네트워크 구축과 더불어 종가문화를 세계적인 명품브랜드로 육성해 나갈 계획입니다.

끝으로 이 사업을 위해 애쓰신 정병호 경북대학교 영남문화연구원장님과 연구책임자이신 정우락 교수님을 비롯한 연구원 여러분, 그리고 집필자분들의 노고에 진심으로 감사드립니다. 아울러, 각별한 관심을 갖고 적극적으로 협조해 주신 종손·종부님께도 감사의 말씀을 드립니다.

2025년 4월

경상북도지사 이 철 우

지·은·이·의 말

종가는 친족 집단을 대표하는 가문, 즉 문중의 큰집이다. 친족의 계승과 결합을 위한 제도로서의 종법에 따르면, 종가는 대종과 소종으로 구분된다. 우리나라의 종법에 의하면, 대종은 전체 부계친족 집단을 가리키고, 소종은 고조부 이하 각 선조를 중심으로 하는 부분 부계친족 집단을 가리킨다. 그러므로 소종에는 넷이 있게 된다. 고조부를 함께하는 소종, 증조부를 함께하는 소종, 조부를 함께하는 소종, 아버지를 함께하는 소종이 그것이다.

우리나라에서 종가는 조선 중기부터 장자상속 제도를 택하게 되면서 부계친족 중심으로 진전하였다. 종가는 제사와 가계, 그리고 향촌사회의 지위를 상속하고 친족 집단을 통합하는 중심이 되었다. 종가에 특별한 지위와 의의가 부여되는 이유가 여기에 있다. 그러므로 종가는 해당 문중의 최고 선조의 직계손으로서 존경을 받고, 종가의 가계가 끊겨서는 안 되기 때문에 자손이 없을 때는 후계를 세우는 입후를 통해서라도 가문을 존속시키려고 하였다.

회곡 권춘란 선생 역시 안동의 대표적 친족 집단인 안동권씨의 일원이다. 안동권씨의 시조는 태사 권행이란 분이고, 권행의 24세손이 바로 회곡 선생이다. 회곡 선생은 1539년 안동부 동쪽 가구리에 있는 집에서 태어났다. 전근대 선비의 덕목은 효제충신이다. 회곡 선생이 17세 되던 해에 외조부상을 당했는데, 회곡 선생이 채소만 먹는 것을 보고 그의 건강을 염려한 회곡 선생의 아버지가 그에게 고기를 권했지만, 부모의 부모도 자신에게 부모라며 아버지의 권유를 사양하고 상례를 치렀다는 일화가 있다. 또 "『효경』을 읽고도 읽지 않은 사람처럼 산다면, 이는 사람이 아니다."라고 했다는 기록이 있다. 이들 일화나 기록을 보면 그의 마음가짐을 확인할 수 있다. 벼슬길에 올라서도 내직과 외직을 가리지 않고 국가와 임금을 위해 수고를 아끼지 않았다. 대동도 찰방이 되었을 때는 일체 여인을 가까이 두지 않았고, 대동도의 임지를 떠날 때도 그곳의 물건을 하나도 가지고 나오지 않아 선생을 모셨던 관원들이 이처럼 청렴하고 결백한 사람은 보지 못했다고 할 정도였다.

회곡晦谷과 장곡藏谷의 아름다운 이름은 더욱 상징적이다. 공자와 맹자, 정자와 주자, 그리고 퇴계 이황과 백담 구봉령으로 계승되는 학문과 정신을 계승하려는 아버지와 아들의 뜻이 오롯이 담겨 있기 때문이다. 맑고 밝은 가을 달을 상징하는 빙호추월과 상쾌하고 시원한 마음의 상태를 뜻하는 쇄락기상은 퇴계학의 핵심을 보여 준다고 할 수 있다. 연평 이통과 회암 주희로부터 퇴계와 백담으로 계승되는 도남학파의 정신은 위기지학의 진면목이라고 할 수 있다. 회곡과 장곡이라는 아호는 깊고 무성한 산림에 난초 하나가 있는데, 종일토록 향기를 내뿜는데도 난초 자신은 그것이 자신의 향기인 줄도 모르는 경지를 목표로 삼은 의지의 표현이라고 할 수 있다.

한강 정구는 회곡 선생을 '도덕과 풍류 모두 흠이 없고[道義風流兩不頗]'라고 하였고, 우복 정경세는 '매화 같은 품격에다 학 같은 모습[梅花標格鶴形容]'이라고 하였으며, 창석 이준은 '못 위에 맑은 가을 달 아직도 남아 당시의 진면목 그려 내는 듯하네.[尚餘池上淸秋月, 寫得當年面目眞.]'라고 평가하였다. 한편 회곡 선생은 아름다운 감원정을 사랑하였다. 작은 방 한 칸이지만, 그곳에서 조용히 지내면서 학문을 닦고 소요하며 속세의 얽매임에서 벗어나 삶을 마치고자 하였다는 것을 통해서 그 고매한 정신을 읽어 낼 수 있다.

무더운 여름부터 매서운 겨울까지 회곡종가 후손 분들의 말씀을 하나하나 녹취하여 정리해 주고, 건축물과 고문헌, 그리고 불천위 제사의 행례 과정 등을 어느 곳 어느 장면도 놓치지 않고 촬영하며, 집필 과정에서 원고를 꼼꼼히 읽고 교정해 준 영남문화연구원 종가문화연구팀의 연구원들에게 깊은 감사의 말씀을 전하고 싶다.

마지막으로 종가의 전통과 정신을 계승해 가는 회곡종가의 후손과 종회 분들의 헌신과 노고에 감사와 존경의 뜻을 다시 한 번 표하고 싶다. 특별히 과거에 머물지 않고, '지금, 여기'에서 종가의 미래를 생각하는 한편, 국가와 사회의 문제도 함께 고민하는 모습을 통해 회곡 선생의 효제충신의 정신이 면면이 계승되고 있다는 사실을 확인하며 그에 대한 깊은 감사의 말씀을 전한다.

2025년 3월

전성건

영양 회곡 권춘란 종가

목 차

제 1 장

안동의 사니산과 영양의 일월산

안동의 사니산과
영양의 일월산

1 안동권씨 와룡의 역사적 유래

공의 휘는 행幸인데, 본래 김씨金氏로서 신라 왕과 동성이었다. 신라 말기 김선평金宣平·장정필張貞弼과 더불어 고창군古昌郡을 지키더니 견훤이 신라의 왕도에 침입하여 왕이 죽고 국가가 전복되었다. 고려 태조가 구원병을 거느리고 군북郡北 병산책甁山柵에 결진結陣하여 견훤과 대치하고 있었다. 공이 김선평·장정필과 상의하면서 "견훤은 우리의 불공대천不共戴天의 원수인데, 힘이 모자라 설분雪憤하지 못하니, 마땅히 왕 공王公에게 귀의하여 왕 공의 힘을 빌려 우리의 숙원을 이루는 것이 옳다."라고 하였다. … 고려 태조가 기뻐하며 "김행金幸이 기미를 살피고 권도權道를 사용하였으니, 참으로 권權을 잘한다고 하겠다."라고 말하고는 성姓을 권權으로 하사하고 상상上相(영의정)을 삼고 고창군을 안동부安東府로 승격시켜 식읍으로 봉해 주었으며, 또 그 지위를 '삼한벽상三韓壁上 삼중대광三重大匡 아보공신亞父功臣'에 이르게 하였다. 공이 졸하여 안동부 서쪽 천등산天燈山 조화곡造火谷 감좌坎坐에 장사를 지냈다.

안동권씨 능동재사

이상은『안동권씨 별장공파 세보安東權氏別將公派世譜』권1에 실려 있는 한성부漢城府 우윤右尹 권시權諰(1604-1672)의 신도비명神道碑銘 중 일부 내용이다. 그 말미에 천등산에 있는 무덤 가운데 제1이 태사공太史公이고, 제2가 평창공平昌公이며, 제3이 평창부인平昌夫人이고, 최하最下는 서애西厓 류성룡柳成龍(1542-1607)의

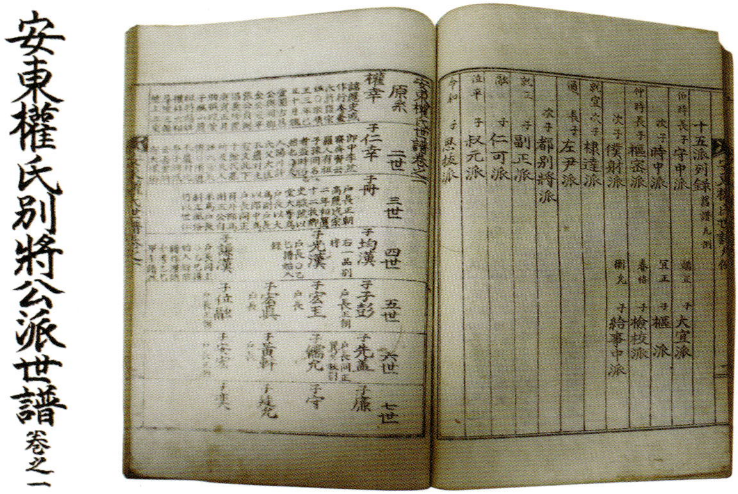

안동권씨 별장공파

선묘先墓인데, 그 또한 외손이라는 말이 기록되어 있다. 명銘은 다음과 같다. "나의 힘을 헤아리고 타인에게 도움을 얻어 원수를 갚고 부끄럼을 씻었으니, 대절大節이 탁연卓然하였던 것이다. 인仁은 백성을 구하고 경慶은 후손을 창성하게 하였다. 고려 태조가 성을 주고 식읍을 봉하여 위호位號를 높였으니, 세상에 큰 공을 세운 이에게 그 공을 갚지 않은 적은 없다. 정밀하고 쇄락한 그 묘사廟祀의 일은 매우 분명하다. 친히 쓰시던 금대金帶와 옥생玉笙이 지금까지 보존되어 있다. 누가 묘를 창건하였는가? 부내府內에 사는 후손들이다. 삼가 지켜 대대로 전하여 그 서업緖業을 떨어뜨리지 말아야 한다. 묘전墓田도 있고 곡속穀粟도 있으며, 재사齋舍도 있고 묘비廟碑도 있다. 이제 신도비를 세우니 또한 빛이 날 것이다. 사실事實의 증거가 있으니, 나의 말이 허망하지 않을 것이다."

시간이 흘러 건물은 허물어지고, 제기는 닳고 제복은 해어졌으며, 희생은 여위고 술은 시어져 안동 백성들의 성심誠心에 맞지 못하게 되었다. 그러다가 1542년(중종 36) 애일당愛日堂 김광철金光轍(1493-1550)이 안동 부사가 되어 이를 새롭게 하는[一新] 일을 스스로 맡아 묘우廟宇를 신축하였다. 이어서 형조 판서인 쌍취헌雙翠軒 권철權轍(1503-1578)이 제전祭田을 봉하고 묘지기[廟直]를 마련해 주었다. 김광철은 권태사의 외현손外玄孫이고 권철은 문손聞孫이다. 또 1556년 겨울, 안동 부사로 부임한 권태사의 문손 권소權紹가 이 두 사람의 뜻에 감동하여 묘우에 나아가 제사를 올리고, 제전을 더 봉하면서 곡물穀物 100석을 제공하여 그 이윤으로 제사를 받들게 하였다. 이상의 내용은 퇴계退溪 이황李滉(1501-1570)이 작성한 「태사묘증수기太師廟增修記」에 실려 있다.

이 묘우가 바로 안동권씨安東權氏 능동재사陵洞齋舍이다. 능동재사는 삼태사 중 한 사람인 권행의 묘제墓祭를 위한 재사齋舍이다. 전면 누각에는 '능동재사陵洞齋舍' 현판과 '추원루追遠樓' 현판이 걸려 있다. 서후면 소재지에서 봉정사 쪽으로 약 2km 가다가 좌측으로 난 골을 따라 올라가면 능골이 있고 이곳에 재사가 있다. 계곡을 따라 올라가는 길 좌측에 높은 축대를 쌓은 추원루를 전면에 내세워 문루로 삼았고, 안마당 건너 우뚝 솟은 재사 큰사랑채와 그 앞 양쪽에 시립한 동재와 서재가 '구ㅁ' 자형을 이루고 있다.

또 동재의 우측에는 임사청, 전사청 및 주사가 좀 작은 마당을 중심으로 일곽을 이루고 있다. 그래서 재사의 전체 평면구조는 '일日' 자형을 이루게 되었다. 중요민속자료 제183호로 지정된 재사는 1653년 관찰사 권우權堣(1610~1675)가 문중 사람들과 의논하여 마루·방·곳간 등 16칸을 건립하였고, 1683년 관찰사 권시경權是經(1625~1708)이 누각 7칸을 더 지었다. 그러나 1743년(영조 19) 화재로 건물이 다 타 버려 중건하였다. 이후 1896년 다시 화재를 만나 70여 칸의 건물 중 임사청·전사청 등 몇 칸만 남기고 모두 없어진 것을 그해 다시 중건하여 오늘에 이르렀다. 재사齋舍 건물로는 보기 드물게 큰 규모다.

안동권씨의 파종회는 15대파로 구성되어 있다. ①수중守中을 파조派祖로 하는 종파宗派, ②시중時中을 파조로 하는 부호장공파副戶長公派, ③수평守平을 파조로 하는 추밀공파樞密公派, ④수홍守洪을 파조로 하는 복야공파僕射公派, ⑤체달棣達을 파조로 하는 동정공파同正公派, ⑥지정至正을 파조로 하는 좌윤공파佐尹公派, ⑦영정英正을 파조로 하는 별장공파別將公派, ⑧통의通義를 파조로 하는 부정공파副正公派, ⑨인가仁可를 파조로 하는 시중공파侍中公派, ⑩형윤衡允을 파조로 하는 급사중공파給事中公派, ⑪숙원叔元을 파조로 하는 중윤공파中允公派, ⑫사발思拔을 파조로 하는 군기감공파軍器監公派, ⑬대의大宜를 파조로 하는 정조공파正朝公派, ⑭추樞를 파조로 하는 호장공파戶長公派, ⑮척倜을 파조로 하는 검교공파檢校公派가 그것이다.

회곡 선생 세계도

1세 행幸. 휘諱가 『고려사』에 '행行'으로도 되어 있다. 삼한벽상三韓壁上 삼중대광三重大匡 아보공신亞父功臣 태사太師를 지냈다. 본성은 '김金'으로 신라의 종성宗姓인데, 고려의 태조가 권씨 성을 하사했다는 것이 사가四佳 서거정徐居正(1420-1488)의 서문에 보인다. 마을 사람들이 공의 덕을 사모하여 도읍의 성안에 사당을 세웠다.

2세 인행仁幸. 낭중郎中을 지냈다. 익재益齋 이제현李齊賢(1288-1367)이 "신라 사람 가운데 선조와 자손이 이름이 같은 것은 대개 시속이 그러했기 때문이다."라고 하였다.

3세 책冊. 정조호장正朝戶長을 지냈다. 고려 성종 12년(993) 처음으로 12목에 향리직을 설치하고, 당대등堂大等을 호장戶長으로, 대등大等을 부호장副戶長으로, 낭중郎中을 호장동정戶長同正으로, 원외랑員外郎을 부정副正으로 삼았다. 공은 스스로 호장이 되어 풍속을 바로잡았는데, 이어 대대로 벼슬하였다. 3남을 두었는데, 균한均漢·광한光漢·겸한謙漢이다.

4세 균한均漢. 우일품右一品으로 별장別將을 지냈다.

5세 자팽子彭. 정조호장을 지냈다.

6세 선개先蓋. 정조호장 행行 익아교위翼牙校尉를 지냈다.

7세 렴廉. 정조호장 행 배융교위陪戎校尉를 지냈다.

8세 이여利輿. 호장을 지냈다. 6남을 두었는데, 백시伯時·중시仲時·취의就宜·통通·취정就正·융融이다.

9세 통通. 호장으로 성균관 생원을 지냈다.

10세 영정英正. 호장으로 삼도도별장三道都別將을 지냈다. 2남 균계均桂와 균석均碩을 두었다.

11세 균석均碩. 호장으로 봉헌대부奉憲大夫 밀직교위密直校尉 상호군上護軍을 지냈다.

12세 직성直成. 호장으로 합단哈丹을 격파한 공으로 대상大相에 제수되었다. 2남 윤해允諧와 극해克諧를 두었다.

13세 극해克諧. 공으로 대상大相에 제수되었다.

14세 효윤孝允. 흥위위興威衛 보승낭장保勝郎將을 지냈다.

15세 문탁文卓. 좌우위左右衛 보승낭장을 지냈다.

16세 혁奕. 정조대부正朝大夫 판소윤시사判少尹寺事를 지냈다.

17세 용평用平. 검교군기감檢校軍器監 행 양구현감무楊口縣監務를 지냈다.

18세 천로天老. 가선대부嘉善大夫 도칠령都漆領 동지상호군同知上護軍을 지냈다.

19세 직균直均. 조봉대부朝奉大夫 행 신녕현감무新寧縣監務를 지냈다. 3남 구경九經·구서九叙·구종九種을 두었다.

20세 구서九叙. 수의교위修義校尉 웅무시위사중령雄武侍衛司中領 부사직副司直을 지냈다. 4남 자칭自稱·자승自繩·자준自準·자관自關을 두었다.

21세 자관自關. 병절교위秉節校尉를 지냈다.

22세 모模. 증贈 통훈대부通訓大夫 통례원通禮院 좌통례左通禮 행 선교랑宣敎郎 군기시軍器寺 주부主簿를 지냈다. 배위는 영천이씨永川李氏 증 좌참찬左參贊 행 현감縣監 흠欽의 딸이다. 2남 석종錫宗과 석충錫忠을 두었다.

23세 석충錫忠. 증 통정대부通政大夫 승정원承政院 좌승지左承旨 겸兼 경연참찬관經筵參贊官 행 기자전箕子殿 참봉參奉을 지냈다. 배위는 함창김씨咸昌金氏 원석元碩의 딸이다. 4남 춘란春蘭·춘계春桂·춘무春茂·춘혜春蕙를 두었다.

24세 춘란春蘭. 곧 회곡晦谷 선생이다. 사적은 행장과 비문에 자세히 보인다. 배위는 금성박씨錦城朴氏 부사府使 승간承侃의 딸이고, 사자嗣子는 태일泰一이다. ○선생의 동생 춘계는 증 이조판서吏曹判書 행 교관敎官을 지냈고, 춘무는 참의에 증직되었으며, 춘혜는 교수를 지냈다.

25세 태일泰一. 자는 수지守之로 가선대부 행 대사간 형조참판을 지냈고, 원종공신原從功臣 1등에 책록되었다. 호는 장곡藏谷이다. 배위는 의성김씨義城金氏로 문충공文忠公 학봉鶴峯 김성일金誠一의 딸이다. 사자嗣子는 세후世後이다.

26세 세후世後. 통덕랑을 지냈다. 전처는 경주김씨慶州金氏로 교리 종일宗一의 딸이다. 후처는 안동김씨로 진사 주한柱漢의 딸이다.

27세 두첨斗瞻. 배위는 영양남씨英陽南氏 전적典籍 천상天祥의 딸이다. 두제斗齊, 통덕랑을 지냈다. 배위는 광주이씨廣州李氏 관정觀禎의 딸이다. 두산斗山, 배위는 동래정씨東萊鄭氏 백령百齡의 딸이다. 두칠斗七, 배위는 부계홍씨缶溪洪氏 명부鳴缶의 딸이다.

28세 학翯. 통덕랑을 지냈다. 배위는 선성김씨宣城金氏이다. 고翱. 후翊, 출계하였다. 상翔, 통덕랑을 지냈다. 전처는 풍산김씨豐山金氏이고, 후처는 영해신씨寧海申氏이다. 령翎, 배위는 광주이씨廣州李氏이다.

29세 익래益來. 점래漸來. 만래萬來. 길래吉來. 국관國觀, 생원을 지냈다. 분래賁來. 서래瑞來. 길래吉來, 출계하였다. 응래應來. 익성益成, 석도碩綯의 넷째 아들이다.

30세 용중用中. 득중得中. 득중得中, 출계하였다. 희중喜中. 재중在中. 건중建中. 범중範中. 택중宅中. 집중執中. 치중致中.

– 『회곡선생문집』 부록, 「회곡선생세계도」

이상은 『회곡선생문집』 부록에 실려 있는 「회곡 선생 세계도」의 전문이다. 별장공은 두 아들 호장 균계均桂와 호장 균석均碩을 두었는데, 균계는 후손이 없고 균석이 독자 직성直成을 낳았다. 직성은 호장이었고, 고려 충렬왕忠烈王 때 원元나라의 침략을 막았다. 원나라 태조太祖 칭기즈 칸의 손자인 합단哈丹이 고려를 침략해 들어와 고려 왕이 강화江華로 피난하고 적이 원주原州와 충주忠州에 이르렀을 때, 직성은 적을 공격했다. 그러면서 세운 공으로 향직의 정4품인 대상大相을 제수받았다.

직성은 아들 윤해允諧와 극해克諧 형제를 두었다. 윤해의 아들 추錘는 중랑장中郞將이 되었고, 손자 방放은 부사府使로 입신하였으며, 증손 득경得經은 문과文科에 급제하여 목사牧使에 이르렀다. 극해의 아들 효윤孝允과 손자 문탁文卓은 모두 보승낭장保勝郞將이 되었고, 증손 혁奕은 판소윤시사判少尹寺事에 올랐으며, 현손玄孫 용평用平은 현감縣監이 되었다. 용평의 아들 천로天老는 상호군上護軍이 되었고, 그 맏아들 직균直均이 신녕현감新寧縣監이 되었다.

직균에 이르러 처음으로 배위에 관한 기록과 묘소가 있게 되었으니, 그 묘소가 경북 안동의 와룡면臥龍面 도곡道谷(돗질)에 있다. 이곳이 별장공파의 구기舊基이다. 직균의 5대손인 회곡晦谷 춘란春蘭은 백담栢潭 구봉령具鳳齡(1526–1586)과 퇴계 이황의 문인으로 문과에 급제하여 사간司諫에 이르렀고, 그 아우 춘계春桂는 증贈 이조 판서吏曹判書, 춘무春茂는 증贈 공조 참의工曹參議가 되었으며, 춘란의 아들 태일泰一은 형조 참판에 이르러 현달하게 되었다.

안동시 동북쪽에 위치한 와룡면은 금학산金鶴山을 주산主山으로 하는데, 동쪽에는 와룡산臥龍山, 서쪽에는 왕상산旺相山, 중앙에는 사니산師尼山이 솟아 있다. 풍수학의 관점에서 보자면, 사니산은 이른바 명당明堂에 위치하고 있다. 와룡산이라는 이름은 퇴계 이황의 제자 백담 구봉령이 "산 모습이 용이 누워 있는 형국과 같다."라고 하여 붙여진 이름이다. 와룡면에는 야산 구릉丘陵이 종횡으로 형성되어 있어 넓은 들과 큰 하천이 없으나, 농토가 적지 않은 편이어서 농산물이 많이 생산된다.

사니산명【승지 공의 무덤 밖 계체석 서쪽 가장자리에 새겼음】

인간 세상 떠난 높은 산
덕여동 선산은 그윽한데
우거진 숲속 아름다운 무덤
천만년 영원하소서
봉이 춤추며 하늘로 오르고
용이 서리고 범이 웅크렸네
상서로운 술 빚어 신령께 올리니
울창한 푸른 기운 가득하네
무자년 봄
삼원 좋은 날
아버지 장사 지내며
하늘에 밝게 고하네

황명 만력 16년(1588) 고애자 춘란은 삼가 적는다.

회곡 권춘란 묘소

[『晦谷先生文集』, 「師尼山銘【刻銘于承旨公墓外階砌石西邊】」: 似离山高, 德與洞幽, 有鬱佳城, 於千萬秋. 鳳舞騰空, 龍盤虎蹲, 吐瑞釀靈, 鬱蔥氤氳, 惟戊子春, 姑洗令辰, 葬我先君, 昭告來雲. 皇明萬曆十六年孤春蘭謹題.]

회곡 가문의 묘소는 안동 와룡에 있다. 예전에는 가문에서 누군가 돌아가시면 상여를 사용하기도 했고, 신주를 담아 놓는 독櫝을 모시고 가는 조그만 가마도 사용했다고 한다. 하지만 지금은 그 자취를 찾을 수가 없게 되었다. 또 회곡과 장곡의 묘비명도 모두 청음淸陰 김상헌金尚憲(1570–1652)이 썼다고 하는데, 청음

장곡 권태일 묘소

이 장곡과 친분이 굉장히 두터웠기 때문이라고 한다.

그런데 회곡 선생의 묘소에는 묘비가 따로 없다. 종손의 말씀에 따르면, '회곡晦谷'이라는 호가 '드러내지 않는다'는 뜻이 있기 때문에, 그 의미에 따라 묘비를 세우지 않았다고 한다. 자신을 숨기고 살아가려고 했던 회곡 선생의 선비정신을 확인할 수 있는 부분이기도 하다.

예전에는 가문의 어른들과 청년들이 함께 안동 와룡 가구리에 모여 벌초도 하고 제사도 지냈다고 한다. 하지만 세월이 흐르면서 벌초와 제사를 열심히 했던 어른들이 돌아가시고, 종가의 여러 가지 사정으로 묘사의 일이 점점 쇠퇴하기 시작하였다고 한다. 제전祭田도 있었다고 하는데, 지금은 흔적마저 없어지게 되었다. 또 묘사와 제사의 일을 종손이 총괄하고 종가에서 도움을 받아서 진행한다고 한다. 종손이 총괄하지만 제수祭需 비용은 문중 차원에서 마련한다는 것이다. 올해부터 안동에서 제수를 준비해서 영양으로 가서 제사를 지낸다고 한다.

안동의 사니산과
영양의 일월산

2 안동권씨 기포리 입향과 종가 형성

경상북도 영양군 일월면과 청기면 일대에 걸쳐 자리한 일월산日月山은 태백산맥의 지맥인 중앙산맥의 한 산으로, 이 지맥에 도립공원으로 지정된 청량산이 위치한다. 동서로 2개의 봉우리가 있는데, 동봉에는 일자봉日字峰이라는 주봉이 있고, 서봉은 월자봉月字峰이라고 한다. 그리고 남쪽에는 낙동강의 지류인 반변천半邊川이 발원한다. 일월산이라는 이름은 동해가 눈 아래 보이는 이 산정에서 동해의 일출과 월출을 가장 먼저 볼 수 있다는 뜻에서 연유했다는 설이 있다. 또 옛날 산정에 천지天池가 있었는데, 그 모양이 해와 달 같다는 데서 이름하였다는 설도 있다.

기포리 항공사진

경상북도 영양군 기포리幾浦里는 본래 청이면靑二面 지역이었다. 마을 안에는 회곡 권춘란 선생이 만년에 은거하며 학문과 수양에 뜻을 둔 회곡고택이 정자에서 남동쪽으로 500m가량 떨어진 산기슭에 자리 잡고 있다. 그리고 정자로 들어오는 사잇길 입구에는 권춘란의 후손으로 일제 강점기 때 독립을 위해 헌신하였고, 6·25 전쟁 때는 난을 피하지 않고 선현들의 유적을 지킨 탄곡炭谷 권오봉權五鳳(1895-1976) 선생의 유적영모비遺蹟永慕碑가 위치하여 엄숙함을 가져다준다.

여기! 청수清秀한 탄곡炭谷 산록山麓의 정기精氣를 한 몸에 지니고 불굴不屈의 의지意志로 향토鄕土와 조국祖國을 지키시다 떠나신 한 분의 선비가 잠들어 계시다. 선생先生의 성姓은 권씨權氏요 휘諱는 오봉五鳳이며 자字는 문경文卿이요 호號는 탄곡炭谷이니 안동인安東人이시다. 선생先生께서는 그 십일대조十一代祖이신 휘諱 춘란春蘭 호號 회곡晦谷 선생先生의 화벌후예華閥後裔로서 천부지성天賦之性은 강직고매剛直高邁하시고 위의威儀는 당당堂堂하시며 학문學問은 심원深源하시어 필사빈명笔士賓明이 끊이지 아니하였다. 선생께서는 항상恒常 이르기를 효孝는 백행지원百行之源이니 대부모불상심對父母不傷心하고 국난國難을 당當하거든 의연毅然히 자기책무自己責務를 다할 것이며 비리非理의 재화財貨는 앙화殃禍를 부르나니 현혹眩惑되지 말고 자기自己만의 안녕安寧과 영화榮華에 과過히 집착執着하면 타인他人에게 누累가 되고 종국

회곡고택 액자

終局에는 국가國家까지 위태危殆롭게 되리라 하시면서 충효정신忠孝精神을 깊이 인식認識시켜 주시었다. 경술국치庚戌國恥 이후以後 일제日帝가 창씨개명創氏改名과 언어말살정책言語抹殺政策으로 민족혼民族魂을 뿌리 뽑고자 하매 선생先生께서는 이를 정면반대正面反對하여 그 부당不當함을 국부國府에 누차累次 상소上疏하였으나, 끝내 이루어지지 못함을 개탄慨歎하시면서 방방곡곡坊坊曲曲에 지사志士를 찾아 고행苦行의 길을 떠나시어 삼일운동三一運動의 결기契機를 만드는 데 크게 공헌貢獻하시었다. 그러나 여기에도 만족滿足하지 못한 선생께서는 일경日警의 집요執拗한 추적追跡을 피避해 탄곡炭谷 산록山麓에 숨어 와신상담臥薪嘗膽으로 절치부심切齒腐心하시면서 문하생門下生들에게 국혼國魂을 심어 주시는 데 온 정열情熱을 다 바치셨다. 선생께서는 날로 북향재배北向再拜하시면서 국부國父의 안녕安寧을 빌며 낙부우원樂府芋園하시던 중 염원念願하시던 광복光復을 맞았으나 열강列强의 재축再逐과 사상적思想的 분쟁紛爭으로 조국강토祖國疆土가 양분兩分된 채 동족상잔同族相殘의 참혹慘酷한 전쟁戰爭터로 화化하고 있던 와중渦中에서 자신自身의 안위安危를 불고不顧하시며 가족家族과 인우隣友를 피난避難시키고 조업고장祖業故庄을 고수固守하시었다. 선생先生께서 한평생平生 실천實踐해 보이신 고매高邁한 사도師道와 우국憂國의 충절忠節이야말로 영세불망永世不忘의 귀감龜鑑이 아니고 무엇이랴! 이같이 훌륭하신 선생先生의 유사遺事를 천학淺學한 본인本人이 감당堪當하기는 참으로 외람猥濫되나 그 문하門下 안재범安在範 형兄의 간청懇請에 못 이겨 감敢히 붓을 들었으니, 선생先生을 욕辱되게 하지 않았을까 심甚히

탄곡 권오봉 선생 영모비

우려憂慮될 뿐이다. 여기 선생先生이 타계他界하심을 못내 슬퍼하는 문하생門下生들이 선생先生의 인격人格과 유지遺志를 돌에 새겨 천추千秋에 길이 전傳하고자 하니 그 사제지정師弟之情 가상嘉賞하고 부럽도다. 선생先生의 인격人格은 문생門生의 혈맥血脈에서 생동生動하고 선생先生의 우국애정憂國哀情은 민족사民族史의 흐름과 병진竝進하리니, 선생先生의 육신肉身은 가셨으나 선생先生이 끼치신 뜻은 영원永遠하라. 학우일동學友一同.

경북대학교慶北大學校 교수敎授 문학박사文學博士

경주후인慶州後人 김일렬金一烈 근찬謹撰

서기西紀 1986년 3월 1일 광산후인光山後人 김기선金基先 근서謹書

자子 기조奇祚, 손孫 종규宗奎

1595년 회곡은 안동 와룡에서 영양 기포리로 이주했다. 노후에 별장을 만들어 여생을 보내기 위한 것으로 보인다. 종손의 말씀에 따르면, 영양 기포리는 안동 와룡과 서로 가까우며 산 하나를 경계로 두고 있다. 이후 회곡의 후손들은 영양 기포리에 살기 시작했다.

기포리 북쪽으로 재를 넘으면 당리인데, 앞과 뒤가 산으로 꽉 막혀서 비교적 해가 떠 있는 시간이 짧다. … 1914년 행정구역을 고칠 때에 골개머리·멧개울·안맷개울·탑생이·옥생이·포두 등을 합하여 기포리라고 부르게 되었다. 몇 개의 갯마을을 합하여 이룬 마을이라 하여 한자로 기포라고 한 것으로 추정된다. … 맷개울 중앙에는 조선 왕조 선조 무렵 회곡晦谷 권춘란權春蘭 선생의 사당이 있는데, 민속자료 제79호로 보존되고 있다. … 골갯머리·골개머리·내포두 마을 앞에 내가 흐르며, 골짜기에 몇 가구 되지 않는 마을이 형성되어 있다. 논이라고는 찾아보기 어렵고 영양군에서 가장 질이 좋은 고추가 생산되고 있다. … 맷개울·몇개울·메깔·기포 마을 앞에 흐르는 내는 여러 줄기를 형성하여 흘러내렸었는데, 그 모양새가 마치 부챗살 모양이었다 한다. 그러한 이유로 하여 이 마을의 지명을 '개울이 몇 개냐' 하여 몇 개울로 부르다가 몇깔이라고 부르기도 하고 오늘에 와서는 메깔로 부르게 되었다. … 지금은 탑의 흔적을 찾기 어렵지만 옛날에는 이곳에 탑이 있었다고 한다. … 옥생이·옥산 마을 뒷산에 질이 좋은 다량의 옥이 생산되었다 한다. 경주 토함산 다음 갈 정도의 옥이었는데, 이 옥으로 구슬도 만들고 피리도 만들었다 한다. 이 마을에서 생산되는 옥으로 만든 옥피리를 불면 온 산천에 하얀 학이 날았다 한다. 이 마을은 또한 옥이 나는 동네라고 하여 옥생이라고 불리고 있다. 지금은 그 양질의 옥은 자취를 감추어 버렸다.

이상은 영양군 홈페이지에 실린 마을 이름과 유래를 정리한 것이다. 일본 제국주의는 대한제국을 병합하고 1910년 9월 30일 「조선총독부 관제朝鮮總督府官制」와 「조선총독부 지방관제」를 동시에 공포하여 통치기구를 정비하였다. 그러므로 1914년은 일제 강점기로 행정구역 개편을 통해 식민지 지배체제를 굳히기 위한 기초작업을 하던 때였다. 강력한 중앙집권체제를 확립하는 것을 목적으로 지방행정의 통일과 쇄신이라는 명목으로 전국의 통치기구와 지방행정구역을 정비했던 것이다.

이 글에서는 영양의 자랑으로 민속자료 제79호로 보존되고 있는 회곡 권춘란 선생의 사당을 지목하고 있고, 고추와 옥을 지역 특산품으로 자랑하고 있다. 여기에는 재미있는 지역 명칭이 있는데, 바로 부챗살 모양의 시내와 개울이 몇 개나 되는가를 세었던 전설에서 몇깔·메깔·맷개울 등으로 불렸다고 하는 이야기다. 종가 어른들의 이야기를 통해서도 이를 확인할 수 있다. 회곡 선생이 안동에서 영양으로 이주하면서 가마를 타고 갔는데, 개울을 많이 건너게 되었다고 한다. 개울을 건널 때 가마가 계속 기웃기웃하니, 선생이 개울을 몇 개나 건넜는지 물었다는 데에서 이러한 명칭이 만들어졌다는 것이다.

제 2 장

회곡의 생애와 빙호추월

회곡의 생애와
빙호추월

1 퇴계학을 계승한 회곡의 생애

권춘란權春蘭(1539–1617)은 본관이 안동安東, 자가 언회彦晦, 호가 회곡晦谷이다. 안동부 가구리佳邱里에서 태어났다. 부사府使 박승간朴承侃(1508–1588)의 딸에게 장가들었는데, 아들이 없어 동생의 아들 참판參判 권태일權泰一(1569–1631)을 후사後嗣로 맞아 제사를 지내게 하였다.

회곡은 아버지 권석충權錫忠으로부터 글을 배웠다. 14세부터는 백담栢潭 구봉령具鳳齡(1526–1586)의 문하에서 수학하였으며, 그 뒤 다시 퇴계退溪 이황李滉(1501–1570)의 문하에서 공부하게 되었다. 『회곡선생문집』 서문에 "재능과 학문의 조예가 평소 논할 것이 없을 때면 퇴계 선생에게 나아가 도움을 청하였다."라는 기록이 있

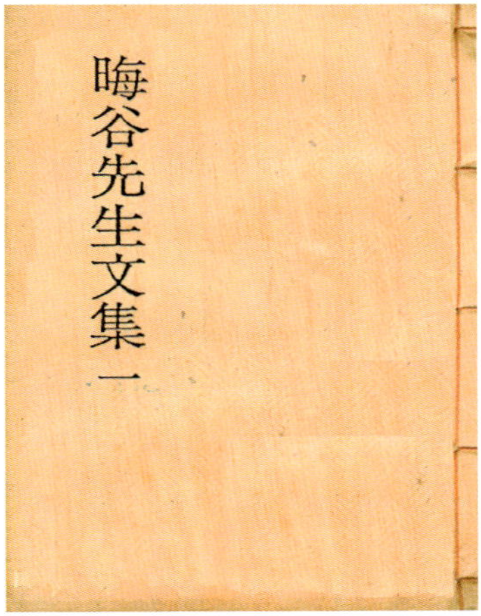

『회곡선생문집』(한국국학진흥원 제공)

고, 또 백담이 준 시에 "마음이 고요한 때에는 실제를 보아야 하고, 학문에 꾸밈이 없으면 진리를 알 수 있다네. 부귀는 몸 밖의 일과 관계되지 않으니, 재주는 부질없이 꿈속의 속세를 따르네." 라는 글귀가 실려 있으니, 회곡이 퇴계와 백담의 문하에서 공부했다는 것을 알 수 있다.

회곡은 23세에 사마시에 합격했고, 35세에 식년 문과에 급제하여 검열·찰방·정언·지평 등을 거쳐 영천 군수와 의성 현령 등을 역임하였다. 57세 이후 사헌부 장령·세자시강원 필선·사간원 집의 등을 제수받았지만 사양했다. 혹은 부임하더라도 곧바로 사임하였다. 만년에는 서애西厓 류성룡柳成龍(1542-1607) 및 우복愚伏 정경세鄭經世(1563-1633) 등과 함께 강학하고 토론하다가 79세의 나이로 여생을 마쳤다.

회곡은 퇴계학파에서 널리 읽힌 『심경心經』과 『근사록近思錄』을 항상 읽었으며, 역학易學과 예학禮學에 조예가 깊은 인물이었다. 그의 저술 가운데 대표적인 것은 『진학도進學圖』와 『공문언인록孔門言仁錄』이다. 『진학도』는 퇴계의 문인들이 제작한 도설圖說과 비교해 볼 때도 체계화가 뛰어난 저술로, 당시 학문의 방법과 원리에 대한 종합과 정리를 진행한 것으로 볼 수 있다.

회곡은 어릴 때부터 충忠과 효孝를 평생의 행의行誼로 삼았기에 『효경孝經』을 삶의 나침반으로 삼았고, 이를 제자들에게 가르치기도 하였다. 벼슬길에 나가서는 청환淸宦과 현관顯官을 역임하였고, 경연관으로 홍문관에 있기도 하였다. 요컨대 회곡은 집에 들어가면 효성과 우애가 빛났고, 밖에 나가면 충성과 신의가 뛰어났던 것이다.

또 회곡은 시원한 마음을 가지고 있으면서 너그럽고 여유로운 풍류를 지니고 있었기에, 시냇가에 초가집을 짓고 '감원鑑源'이라는 편액을 걸기도 하였다. 그러므로 청음淸陰 김상헌金尙憲(1570–1652)은 그를 위한 묘지명에서 "선생은 천성이 순수하고 결백하며 고요하고 단정했다. 용모가 희고 밝아 빙호氷壺와도 같이 투명하였으며, 안과 밖이 잡됨이 없었다."라고 하였다.

회곡과 관련된 다음의 이야기들은 그의 인품과 교화의 한 면모를 확인할 수 있게 해 준다.

대동도 찰방으로 있다가 돌아올 적에 서쪽 고을의 물품을 실오라기 하나도 가져오지 않았으며, 대동도에서 주는 노자도 모두 물리치고 받지 않았다. 의성 고을에서 떠나올 적에는 중간쯤에 도착하여 직접 행장을 점검해 보다가 자초紫草 한 자루가 있는 것을 보고 집안사람들을 꾸짖으면서, "이것이 비록 하찮은 물품이기는 하지만, 역시 그 고을의 물품이다. 그런데 어찌하여 나의 행장을 더럽힌단 말인가?"라고 말하고는, 그 자리에서 돌려보내게 하였다.

영천 고을은 풍속이 귀신을 숭배하는 것을 좋아하여 음사淫祠를 떠받들면서 섬겼는데, 그렇게 하지 않을 경우, 반드시 풍재風災와 역질疫疾이 있게 된다고 믿었다. 그러므로 전에 수령으로 있던 자들이 능히 금하지 못하였으며, 간혹 그들에게 흔들려서 도리어 그 일을 돕기까지 하여 여러 해를 내려오는 동안 감히 폐하지 못하고 있었다. 선생은 그곳에 도착하자마자 금령을 내리면서 말하기를, "귀신이 능히 사람을 죽게 할 수가 있다면, 나도 역시 능히 사람을 죽일 수가 있다. 나의 명령을 위반하는 자를 너희가 살리지 못할 것이다."라고 하니, 그 뒤로는 괴상한 일이 드디어 자연스럽게 없어졌다.

한강寒岡 정구鄭逑(1543-1620)가 안동을 다스릴 적에 선생을 방문하여 항상 서로 조용히 담론을 나누었다. 이보다 앞서 관사에 여자 기생의 이름을 한 꽃이 있었는데, 한강이 그것을 베어 버리라고 명하였다. 선생이 그 뜻을 물어보자, 한강이, "사람들을 쉽게 고혹시키는 것은 여색보다 더한 것이 없습니다. 그러므로 그 이름을 미워하여 베어 버리게 한 것입니다."라고 하니, 선생이 말하기를, "참으로 나의 마음에 주관이 있다면 남위南威나 서자西子에게도 오히려 마음을 빼앗길 수 없는데, 어찌 그 이름을 빌린 것을 두려워한단 말입니까? 지방관[明府]의 정사는 아마도 말단인 것 같습니다."라고 하니, 한강이 그 말에 깊이 심복하였다. 대개 선생은 오랫동안 관서 지방을 떠돌아다녔으나 여와黎渦나 백미百媚도 끝내 선생의 눈길 한 번 돌리게 할 수 없었다고 한다.

–『晦谷先生文集』附錄, 墓誌,「司憲府執義晦谷先生權公墓誌銘【幷序】[金尙憲]」

이상은『회곡선생문집』부록, 묘지에 실려 있는 김상헌이 작성한「사헌부 집의 회곡선생 권공 묘지명」의 일부이다. 남위南威는 춘추시대 진晉나라의 미녀로, 진晉 문공文公이 남위를 얻고 3일 동안 정사를 게을리하다가 마침내 그를 멀리하면서 말하기를, "후세에 반드시 여색으로 나라를 망치는 자가 있을 것이다."라고 하였다. 서자西子는 미인으로 소문난 월越나라의 서시西施를 가리킨다. 월나라의 왕 구천句踐이 적국인 오吳나라 부차夫差에게 서시를 바쳐 총희寵姬가 되게 하였는데, 부차가 그녀에게 빠져서 국정을 피폐케 하여 월나라에게 멸망했다.

여와黎渦는 송나라 때의 기생인 여천黎倩의 보조개란 뜻이다. 백미百媚는 아리따운 여인이 온갖 아양을 떠는 것을 말한다. 송宋나라 고종高宗 때 호전胡銓이 금金나라와의 화친을 주장하는 진회秦檜 등을 탄핵한 죄로 귀양 갔다가 10년 만에 풀려났다. 호전은 귀양지에서 돌아오는 길에 매계관梅溪館의 기생인 여천을 건드렸는데, 그 이튿날 주인이 이를 추잡하게 여겨 호전에게 밥 대신 여물을 주었다. 그 뒤에 주희朱熹가 그곳을 지나다가 시를 짓기를, "십 년 동안 호해에서 한 몸 한가했는데, 풀려나 돌아오다가 여천의 보조개 보고 욕정 일었네. 세상 길 욕심보다 더 험한 것

없는데, 몇 명이나 이로 인해 일생을 망쳤던가?[十年湖海一身輕, 歸對黎渦却有情, 世路無如人欲險, 幾人到此誤平生.]"라고 하였다.

이상의 이야기를 통해서 우리가 알 수 있는 것은 회곡이 공公과 사私를 철저히 구분하여 사적 이익을 추구하지 않았다는 점, 귀신鬼神과 음사淫祀를 금지하고 유학으로 풍속을 교화시키려고 하였다는 점, 그리고 외부의 대상에 휩쓸리지 않는 마음의 주체성을 매우 중시했다는 점이다. 이는 퇴계학파의 공부론과 관련된 부분이기도 하다. 도심이 인심을 주재해야 한다는 것, 그리고 그것을 이루기 위해서는 마음공부가 중요하다는 것이다. 바로 경敬공부工夫가 그것이다. 퇴계의 철학을 '경敬의 철학'이라고 부르는 이유가 여기에 있다.

경의 철학이란 무엇일까? '경'은 마음의 경건한 태도를 말한다. 마음을 경건하게 유지하기 위해서는 공부가 필요하다. 퇴계의 공부론을 이해해야 하는 이유가 여기에 있다. 퇴계의 공부론은 미발함양未發涵養과 이발성찰已發省察의 두 측면으로 이해할 수 있다. 미발함양은 감정이 아직 발현하지 않았을 때 깨끗한 마음을 보존하고 본성을 기르는 공부를 말하고, 이발성찰은 감정이 이미 발현하였을 때, 그 감정이 제대로 발현되었는지 그렇지 못한지를 살피는 공부를 말한다.

그런데, 경 공부의 방식은 일반적으로 네 가지로 규정된다. 정제엄숙整齊嚴肅, 주일무적主一無適, 상성성常惺惺, 기심수렴불용일물其心收斂不容一物이 그것이다. 정제엄숙은 의관을 바르게 하는 등

외면을 단정하고 엄숙하게 함으로써 내면을 다스리는 것이고, 주일무적은 한 곳에 집중하여 나의 의식이 다른 곳을 지향하지 않게 하는 것이며, 상성성은 항상 깨어 있는 마음을 유지하는 것이고, 기심수렴불용일물은 외부로 치달리는 마음을 수렴하여 어떤 것도 용납하지 않는 것을 의미한다. 이러한 네 가지 경 공부의 방식을 통해 퇴계는 물론, 그의 제자들은 항상 경의 철학을 마음에 새기고 있었던 것이다.

이하는 『회곡선생문집습유』의 류이좌가 작성한 행장을 인용하여 해설한 것이다.

1) 가계와 천성

공의 휘는 춘란春蘭이고, 자는 언회彦晦이며, 안동권씨이다. 고려 때 삼한벽상공신 삼중대광을 지낸 행幸의 24세손이다. 고조 구서九叙는 수의교위 부사직을 지냈고, 증조 자관自關은 병절교위 부사직을 지냈으며, 조부 모模는 통훈대부 통례원 좌통례로 증직되었는데, 선교랑 군기시 주부를 지냈다. 아버지 석충錫忠은 통정대부 승정원 좌승지 겸 경연관 참찬으로 증직되었다. 어머니는 함창김씨로 숙부인으로 증직되었는데 관찰사 이음爾音의 후손이다. 가정 기해년(1539) 7월 22일 경오에 안동부 동쪽 가구리 집에서 태어났다.

특이한 자질을 가지고 태어나 일찍부터 문자를 이해했고, 어릴 때 이미 노성한 모습을 지니고 있었다. 여러 아이들과 놀며 장난할 때 오만하고 불경한 사람이 있으면, 책망하며 교유를 끊었다. 7세에 외조부의 상을 당해 곡읍하고 행소行素하자, 승지 공은 그가 병들까 염려하여 고기를 먹을 것을 권면하였는데, 공이 "어버이의 상에는 고기를 먹지 않는 것이 예입니다.

부모의 부모가 부모와 어떻게 간격이 있겠습니까?"라고 하고 고사하며 먹지 않았다.

-『晦谷先生文集拾遺』, 附○行狀, 「通訓大夫, 行司憲府執義, 兼世子侍講院輔德, 春秋館編修官, 晦谷權先生行狀【柳台佐】」

회곡 선생은 안동권씨의 시조 권행의 24세손으로 1539년 7월 22일 안동부 동쪽 가구리 집에서 태어났다. 태어났을 때부터 명석하여 문자를 일찍부터 이해했고, 어린 모습을 찾을 수 없을 만큼 노성한 모습을 지니고 있었다.

7세에 외조부상을 당해 소리내어 울면서 상례를 치렀는데, 행소行素하고 고기를 먹지 않았다. 행소는 비통한 생각에 고기를 먹지 않고 채식만 하는 것을 말하는데, 소반素飯 혹은 소식素食이라고도 한다. 이에 부친이 고기를 먹도록 권하였다. 어린아이의 건강을 염려한 것이다. 그러나 그는 부모의 부모도 부모라고 할 수 있기에 부모의 상례에 고기를 먹지 않는 예를 지켜야 한다고 고집하였다. 회곡 선생이 어려서부터 효성을 지극히 실천하였다는 것을 확인할 수 있는 사례이다.

2) 수학修學 시기와 공부 방법

공이 개연히 문호의 쇠퇴를 염려하며 승지 공에게 배움을 청하였다. 승지 공은 그 뜻을 가상히 여겨 작은 책자를 편집하고 약간의 연구聯句를 적어 주었다. 공은 그것을 손에서 잠시도 떨어뜨려 놓지 않고 입으로 반드시 암송하였다. 이어서 "천지간에 어떤 것이 귀합니까?"라고 물으니, 승지 공이 "학문이다."라고 하자, "어째서 귀합니까?"라고 물으니, "아들이 되면 효도하고, 신하가 되면 충성한다. 관찰사가 될 수 있고, 태수가 될 수 있으며, 부모도 그렇게 되기를 바라고, 고을 사람도 그것을 영예롭게 여기기 때문이다."라고 하자, "관찰사와 태수는 귀할 것이 없지만, 효도하고 충성하는데 학문을 버리면 무엇을 이룰 수 있겠습니까?"라고 하니, 승지 공이 마음으로 기특하게 생각하였다.

『효경』을 주니, 공은 읽고 생각하면서 한 글자 한 구절을 반드시 반복하고 질의하면서 의리를 찾았다. 스스로 말하기를 "이것을 읽었는데, 읽지 않을 때와 같이 산다면, 저런 이는 사람이 아니다."라고 하였다. 이때 『주역』을 가져다 간혹 괘卦의 획畫을 그리기를 즐거워하였고 잠심하여 묵묵히 완미하였다. 승지 공이 "이것은 아이가 이해할 수 있는 것이 아니다."라고 하시자, 공이 "제가 비록 아이지만, 뜻은 큽니다."라고 하였다.

14세에 백담 구봉령 선생의 문하에서 수업하였는데, 백담이 겉으로 거절할 듯하면서 성실함의 여부를 시험하였다. 공은 매일 새벽 문하에 나아갔는데, 춥거나 더운 날에도 변화가 없었다. 백담이 매우 가상히 여겨 "오늘날 다시 문밖의 입설立雪을 보았다."라고 말하고는, 가르침을 게을리하지 않으면 큰 그릇이 될 것을 기대하였다.

구찬록具贊祿과 안제安霽는 모두 공이 함께 공부했던 사람들이다. 지산 김팔원이 일찍이 백담에게 "문인 가운데 재주와 학식이 가장 나은 이가 누구입니까?"라고 물으니, 백담이 "기송記誦은 구찬록, 제술製述은 안제, 정찰精察은 권춘란입니다."라고 하니, 지산이 "훗날 사문을 책임질 사람은 반드시 정찰의 권춘란일 것입니다."라고 하였다. 공이 학문에 뜻을 둔 이후 더욱 스스로를 책려하였는데, 입과 귀로 기송하는 것뿐만 아니라, 성현의 유훈을 반드시 힘써 실천하였다.

– 『晦谷先生文集拾遺』, 附○行狀, 「通訓大夫, 行司憲府執義, 兼世子侍講院輔德, 春秋館編修官, 晦谷權先生行狀【柳台佐】」

회곡은 어려서부터 가문이 쇠퇴하게 될 것을 걱정하여 부친에게 배움을 청하였는데, 부친은 그것을 가상하게 여기고 책자를 편집해서 한시漢詩의 대구對句를 적어 주었다. 암송의 기회가 생긴 것이다. 그들 부자의 문답을 통해서 배움의 이유와 목적을 확인할 수 있다. 하늘과 땅 사이에서 인간이 해야 할 가장 귀한 것은 학문인데, 학문을 통해 효제충신을 알 수 있기 때문이다. 그리고 효제충신은 관찰사나 태수의 직위를 통해서 얻게 되는 명예가 아니라, 효도와 충성 그 자체라고 할 수 있다.

회곡은 부친에게 받은 『효경』을 반복적으로 읽고 질문하면서 그 의리를 살펴보았다. 『효경』을 읽고 읽지 않은 때와 똑같이 산다면, 즉 『효경』을 읽은 사람들이 『효경』의 의리에 따라 살지 않는다면, 이는 사람이 아니라는 말도 직설적으로 언급한다. 독서를 통해 찾은 의리대로 살아가야 한다는 것이 회곡의 생각이었던 것이다. 어린아이지만 뜻이 컸다는 것은 『주역』 공부를 통해서도 확인할 수 있다. 특히 회곡이 대본大本으로서의 '중中'을 중시하였다는 점을 통해서 그의 생각이 어렸을 때부터 완성되어 있었다는 것을 확인할 수 있다.

14세부터는 백담 구봉령의 문하에서 수업하였다. 백담은 스승을 자처하지 않고 일단 그의 성실한 태도를 살펴본다. 추운 날이든 더운 날이든 상관 없이 매일 새벽 문하에 나아가 공부하고 있는 것을 본 스승 백담은 그를 "오늘날 다시 문밖의 입설立雪을 보았다."라고 극찬하였다. 입설立雪은 송나라 유작游酢과 양시楊

時의 고사를 가리킨다. 이들이 처음 정이程頤를 찾아갔을 때 마침 정이가 눈을 감고 앉아 있으므로, 두 사람은 인기척을 내지 않고 서서 기다렸다. 정이가 눈을 떴을 때는 문밖에 내린 눈이 한 자가량이나 쌓여 있었다고 한다. 이것이 '정문입설程門立雪'이라는 유명한 고사로 전하며, 문하에서 가르침을 받는 것을 의미한다.

회곡은 백담 문하에서 구찬록·안제와 함께 공부하였다. 지산 김팔원이 백담에게 재주와 학식이 가장 뛰어난 사람이 누군가를 질문한다. 백담은 기송에는 구찬록을, 제술에는 안제를, 정찰에는 회곡을 으뜸이라고 답변한다. 이에 대해 지산은 백담 문하를 책임질 사람으로 정찰의 회곡을 꼽는다. 기송은 암송으로 기억하는 데 특장이 있다는 것이고, 제술은 시나 산문 등 글을 잘 짓는 데 특장이 있다는 것이며, 정찰은 자신의 마음을 정밀하게 관찰하고 도덕적인 마음을 전일하게 유지하면서 '중中'을 유지하는 데 특장이 있다는 것이다. 요컨대, 퇴계 문하는 물론, 백담 문하의 학문적 요체인 심학心學을 책임질 사람으로 회곡을 꼽은 것이다.

구찬록은 본관이 능성綾城, 자가 여응汝膺, 호가 송안松顔·용산龍山이다. 봉화에 살았으며, 첨정을 지냈다. 퇴계 이황의 문인으로, 퇴계는 그의 학문을 칭찬했다. 안제의 본관은 순흥順興, 자는 여지汝止이다. 그의 선조는 순흥부 사람으로 문성공 안유安裕의 후예이다. 안제는 죽계라는 길의 언덕에서 태어났다. 태어날 때부터 남다른 자질이 있는 데다 재기才氣가 남들보다 뛰어나 백담 선생이 일찍이 말하기를 "자로子路의 용기"라고 하였다. 임진왜란이 일어나자, 안제는 재물을 내어 군사를 돕는 데에 힘을 다했다. 그는 일찍이 아버지가 돌아가시자 효성을 다해 어머니를 모셨다. 백담 선생의 문하에서 노닐었으며 남은 힘이 있으면 공부를 하여 소문이 일찍이 났다. 마침내 과거에 합격하였는데, 머리에 꽂은 월계수가 향기로웠다고 한다. 그리고 재주가 아름다웠으며 못하는 것이 없었다.

김팔원의 본관은 강릉江陵, 자는 순거舜擧·수경秀卿, 호는 지산芝山이다. 주세붕周世鵬, 이황李滉 등의 문하에서 수학하였다. 이황의 문하에서 수학할 때는 이황이 시를 지어 김팔원의 문장을 칭찬하기도 하였다. 한편 조목趙穆·구봉령具鳳齡 등과 산사에 모여 학문을 강마하였으며, 조목과 함께 「인심도심도人心道心圖」를 만들기도 하였다. 1555년(명종 10) 사마시를 거쳐 식년 문과에 을과로 급제하였고, 1562년(명종 17) 학록學錄에 임명된 뒤 박사·성균관 전적·예조 좌랑을 거쳐 용궁 현감 등을 지냈다.

'정찰'은 정밀하게 관찰한다는 의미이다. 이는 이른바 요堯·순舜·우禹가 서로 전수했다고 하는 '십육자심법十六字心法'으로 『서경書經』「대우모大禹謨」'인심도심장人心道心章'에 등장하는 16자의 말씀을 말한다. 즉 "인심은 위태롭고 도심은 미미하니, 정찰하고 전일하여 진실로 그 중中을 잡아라.[人心惟危, 道心惟微, 惟精惟一, 允執厥中.]"라는 말이다. 사람의 마음은 선악의 사이에서 갈피를 잡지 못하는데, 이러한 마음이 바로 인심이다. 그러나 이를 제어할 마음도 존재하는데, 그것이 바로 도심이다. 그런데 인심은 위태롭고 도심은 미약하다. 그러므로 사람은 마음을 정밀하게 관찰하고 전일하게 집중하여 중中을 유지할 수 있어야 한다. 회곡은 일찍부터 '중中'이라는 한 글자를 써서 벽에 붙여 놓고 "내가 비록 그 경지를 엿볼 수는 없겠지만, 희로애락이 발하기 전의 기상을 징험할 수 있을 것 같다."라고 하였는데, 이것이 바로 16자 심법이다. 이는 『중용中庸』이나 『주역周易』과도 관련이 된다.

『중용』 제1장에서는 "희로애락이 아직 발하지 않은 것을 중이라고 하고, 발하여 모두 절도에 들어맞은 것을 화라고 한다.[喜怒哀樂之未發謂之中, 發而皆中節謂之和.]"라고 하였다. 아울러 『주역』 건괘乾卦에서 "위대하구나, 건이여! 강건하여 중정하며 지극히 순수하고 정밀하도다.[大哉, 乾乎! 剛健中正, 純粹精也.]"라고 하였고, 곤괘坤卦에서 "군자는 황黃이 마음에 있어 이치에 통달하고, 바른 자리가 체體에 거처하여 아름다움이 그 가운데 있으며, 사지에 도달하고 사업에 나타나니, 지극히 아름답구나![君子, 黃中通理, 正位居體, 美在其中, 而暢於四支, 發於事業, 美之至也!]"라고 하였다. 황黃은 토土를 의미하는 중앙의 색으로 중中을 의미하고, 체體는 몸을 의미하며, 몸과 마음에 있는 중의 아름다움이 사지로 뻗어 나가고 사업에 발휘되어 아름다움을 극진하게 한다는 의미를 지닌다고 할 수 있다.

회곡 권춘란의 행력行歷은 학서鶴棲 류이좌柳台佐(1763-1837)가 지은 행장을 통해서 자세하게 확인할 수 있다. 류이좌는 본관이 풍산豊山, 자가 사현士鉉, 호가 학서鶴棲이다. 1837년(헌종 3) 가을 도산서원에서 사림의 천거로 동주洞主가 된 뒤 『퇴계집退溪集』을 중간하였다. 아울러 미간행본인 책 12권을 찾아내어 간행하고자 하였으나 완성하지 못한 채 질병으로 화경당에서 세상을 떠났다. 성리학에서는 이황의 이기이원론理氣二元論을 따랐으며, 많은 학자를 배출하였다.

3) 출사 이유와 인생 목적

신유년(1561) 사마시에 합격하여 부모를 기쁘게 하는 데에 힘썼으며, 거처하는 마을 어귀의 자연 경치가 빼어난 곳에 몇 칸의 정사를 짓고는 물길을 끌어와 연못을 만들었다. 그리고는 회암 주희의 시 가운데, "네모난 연못은 하나의 거울이요, 근원에서는 물이 솟아나네."라는 말을 취해 '감원정鑑源亭'이라고 편액하였다.

공은 방 한 칸에서 조용히 지내면서 학문을 닦고 소요하며 세속의 얽매임에서 벗어나 삶을 마칠 듯하였다. 또한 퇴계 선생에게 가르침을 청하였는데, 선생께서 "내가 공의 문행文行을 들은 지 오래되었소."라고 하면서 공을 매우 가상히 여겼다.

– 『晦谷先生文集拾遺』, 附○行狀, 「通訓大夫, 行司憲府執義, 兼世子侍講院輔德, 春秋館編修官, 晦谷權先生行狀【柳台佐】」

회곡은 1561년 사마시에 합격하여 부모를 기쁘게 하는 데에 주력하였다. 그러나 회곡의 마음이 벼슬과 명예에 있었던 것은 아니었다. 천리가 유행하는 자연 속에서 고요히 살면서 도덕적인 마음을 기르고 사는 것이 목적이었던 것이다. 거처하는 마을 어귀 자연 경치가 빼어난 곳에 감원정을 지은 이유가 여기에 있다. 회암 주희로부터 계승되어 온 천인합일의 정신에 목적을 두었던 것이다. 방 한 칸에서 조용히 지내면서 학문을 닦기도 하고 자연을 거닐기도 하면서 퇴계와 백담이 즐겼던 산수지락山水之樂을 공유하고자 하였던 것이다.

퇴계 선생은 문행文行을 들은 지 오래되었다면서 그를 칭찬하기도 하였다. 문행은 『논어』「술이」 편에 등장하는 문행충신文行忠信을 말한다. 문文은 시詩·서書·예禮·악樂을 말하기도 하고 『중용』에 등장하는 박학博學·심문審問·신사愼思·명변明辨을 의미하기도 한다. 행行은 실천궁행實踐躬行을 의미하고, 충忠은 자신의 본심을 다하는 것이며, 신信은 항상 성실하게 살아가는 것을 의미하니, 지행의 대강이라고 할 수 있다.

요컨대, 회곡은 어려서부터 효제충신을 자신의 신념으로 삼아 살아왔고, 산수지락을 찾아 자연에 은거하면서 조용히 도덕적 마음을 고양시키면서 고귀하게 사는 것을 목적으로 삼았던 듯하다. 그러나 부모님의 뜻을 거역하지 못하고 과거 시험을 보았고, 그것을 통해 사환의 길을 걷게 되었던 것이다.

4) 벼슬의 여정과 효성의 실천

만력 계유년(1573)에 식년시 문과에 합격하였다. 고관考官들이 공이 지은 대책對策을 보고 학문의 연원이 유래가 있어 평범한 과거 응시자의 문장이 아니라고 감탄하였다. 을해년(1575)에 성균관 학유에 예속隸屬되었다가 학록으로 승진하였다. 경진년(1580)에 예문관 검열 겸 춘추관 기사관에 제수되고, 국자감을 거쳐 한림이 되었는데, 그 덕망이 높았기 때문이다. 규례에 따라 대교로 승진하고 봉교로 옮겨졌지만, 병으로 사은謝恩을 하지 못하였다. 사헌부 감찰에 제수되고 나아가 대동 찰방이 되었는데, 여와의 백미를 일절 가까이하지 않았고, 포백을 녹으로 받았지만 조금도 취하지 않았다. 사장辭狀을 올리고 귀향할 때, 길 위에서 행구行具도 모두 돌려보냈다.

을유년(1585)에 사간원 정언에 제수되고 사헌부 지평으로 옮겼으며, 다시 성균관 직강에 제수되었지만, 모두 병으로 사직하였다. 병술년(1586)에 예조 정랑에 제수되었는데, 백담이 서울에서 편지를 보내 "고향 산천의 안개와 노을 속에서 마음대로 한가롭게 노니는 것이 비록 '계획을 이루었다.'라고 할 수는 있지만, 부모가 늙고 집안이 가난하면 벼슬하는 것 또한 하나의 의리일 것이다."라고 하자, 공이 부득이 올라가 사은한 뒤에 상소하여 부모의 봉양을 청하였다.

영천 군수에 제수되어 판여板輿를 영화롭게 받들었고, 신중하게 정사를 처리하여 민심을 바로잡고 풍속을 좋게 만드는 것을 급선무로 삼았다. 매월 초하루 술과 음식을 마련하고 택주의 고사에 따라 향촌에서 나이가 많은 사람을 불러 직접 술을 권하여 사람들로 하여금 노인을 봉양하고 어른을 섬기는 의리를 알게 하였다. 그리고는 '평이근민平易近民' 네 글자를 좌석 한쪽에 쓰고 『심경』과 『근사록』을 책상 위에 올려놓았다. 공은 퇴청한 여가에 경계하고 성찰하면서 열람하였다. 흉년에는 진휼하여 유민들에게도 혜택이 다다랐고, 이전 정사에서 거두지 못한 세금은 절약하고 저축하여 메웠다. 고을에 음사淫祠가 있어 폐단을 막을 수 없었는데, 명령을 내리고 조사하여 기괴한 일을 마침내 단절시켰다.

– 『晦谷先生文集拾遺』, 附○行狀, 「通訓大夫, 行司憲府執義, 兼世子侍講院輔德, 春秋館編修官, 晦谷權先生行狀【柳台佐】」

회곡은 1573년 식년시 문과에 입격하였는데, 시험 관리들이 그의 정사에 관한 대책을 보고 일반적인 과거 응시자의 문장이 아니라, 학문적 연원이 있다는 것을 알았다. 1575년 성균관 학유에 소속되어 있다가 학록으로 승진하였으며, 1580년에는 예문관 겸 춘추관 기사에 제수되고, 다시 국자감을 거쳐 한림이 되었는데, 이러한 승진은 그의 덕망이 높았기 때문에 가능한 것이었다. 이후 다시 사헌부 감찰에 제수되고 대동도 찰방이 되었는데, 여인을 가까이하지 않았고, 사적 이익을 취하지 않는 모습을 보였다. 1585년 다시 사간원 정언에 제수되고 사헌부 지평으로 옮겼으며, 다시 성균관 직장에 제수되었지만, 모두 병을 핑계로 사직하였다.

회곡은 벼슬길에 있었지만 그것을 좋아하지 않았다. 그렇기 때문에 계속 사직을 청했던 것이다. 1586년 예조 정랑에 제수되었을 때도 마찬가지로 나아가지 않았다. 이때 백담이 편지를 보내 고향 산천에서 산수지락을 즐기는 것이 그대의 계획대로 된 것일지 모르겠지만 부모의 봉양을 위해서 벼슬길에 나아가는 것도 하나의 의리가 될 것이라는 가르침을 받는다. 이에 따라 부득이 서울로 올라가 사은한 뒤에 상소하여 부모를 봉양할 수 있게 외직을 청한다.

이에 따라 영천 군수에 제수된 회곡은 판여板輿를 영화롭게 받들면서도 영천의 정사를 신중하게 처리하여 민심을 바로잡고 풍속을 바꾸는 데에 노력을 다한다. 판여板輿는 노인을 편히 모실 수 있는 폭신한 가마를 말한다. 진晉나라 반악潘岳의 「한거부閑居賦」에 "모친을 판여에 모시고 가벼운 수레에 태워 드린 다음, 멀게는 경기 지방을 유람하고, 가까이는 집안 뜰을 소요한다.[太夫人乃御板輿, 升輕軒, 遠覽王畿, 近周家園.]"라고 하였다.

회곡은 매월 초하루 술과 음식을 마련하고 택주의 고사에 따라 노인들과 어른들을 모셔 직접 술을 권하여 사람들에게 봉양하고 섬기는 의리를 알게 하였다. 택주의 고사는 정호程顥가 택주澤州의 진성으로 부임해 가서 효제충신의 도리를 가르쳐 부역에 서로 돕게 하고 환난에 서로 구휼하게 하였으며, 또 시골에 향교鄕校를 설치하여 문풍文風을 일으킨 결과, 부임한 지 10여 년 만에 교화가 크게 행해져 유복儒服을 입은 자가 수백 명에 달하였다는 것을 말한다.

회곡은 '평이근민平易近民' 네 글자를 자신이 앉는 자리 한쪽에 써 놓았으며, 시간이 날 때마다 읽을 수 있도록 『심경』과 『근사록』을 책상 위에 올려놓았다. '평이근민'은 백성의 눈높이에서 백성을 섬기는 행정으로 더 친근하게 백성 속으로 들어가 백성과 함께 힘을 합해 일을 하는 것을 말한다. 『심경』은 마음을 수양하는 글귀로 가득 차 있는 것으로 퇴계학파에서 중시한 책이며, 『근사록』은 성리학적 지식체계와 성현의 언행을 기록해 둔 책인데, 사서四書에서 삼경三經으로 올라가는 사다리 역할을 하는 저술이라고 할 수 있다. 자기 수양은 물론, 풍속의 교화를 성리학을 통해 이루려고 했던 것임을 알 수 있다.

5) 스승과 부모의 죽음과 상례의 실천

백담이 질병이 있어 공이 곧장 달려가 문병하였는데, 백담이 누운 채 일어나지 못하자, 백단의白單衣를 덮고 그 위에 띠를 둘렀다. 백담이 공을 보고 손을 잡고는 "평소 책을 가지고 서로 빈말로 했던 이야기가 또 우연이 아니었네."라고 하고는 마침내 졸하였다. 빈소와 염습에 필요한 여러 상구喪具를 직접 점검해서 두루 갖추었다. 예장禮葬할 때 제문을 가져와 제향을 올렸는데, 정의情義가 간절하고 측달하였다.

정해년(1587)에 승지 공의 상을 당했을 때, 슬픔으로 거의 목숨을 잃을 뻔하였다. 장사를 지낸 뒤에는 여묘살이를 했는데, 아침저녁으로 무덤에 가서 혼정신성昏定晨省의 의절처럼 행하였다. 때마다 어머니를 보살폈지만, 사실私室에 들어가지는 않았다. 책은 오직 『예기』 한 책만 읽었으며, 기축년(1589)에 삼년상을 마쳤다.

– 『晦谷先生文集拾遺』, 附○行狀, 「通訓大夫, 行司憲府執義, 兼世子侍講院輔德, 春秋館編修官, 晦谷權先生行狀【柳台佐】」

회곡은 스승과 부모의 죽음에 상례를 극진하게 지냈다. 백담이 돌아가셨을 때는 상례 도구를 직접 점검하여 백담의 가족들이 빈소를 차리고 염습하는 데 불편하지 않도록 하였고, 장례를 치를 때는 제문을 가지고 와서 제향하였는데, 정성스러운 마음과 스승과의 의리를 간절히 지켰다. 부친이 돌아가셨을 때는 슬픔으로 거의 목숨을 잃을 뻔하였다고 하니, 그 애통함이 어느 정도였는지 알 수 있다. 아침저녁으로 무덤에 가서 혼정신성昏定晨省의 의절처럼 행하기도 하였다. '혼정신성'은 어버이를 제대로 봉양하는 것을 말한다. 『예기禮記』「곡례상曲禮上」에 "자식이 된 자는 어버이에 대해서, 겨울에는 따뜻하게 해 드리고 여름에는 시원하게 해 드려야 하며, 저녁에는 잠자리를 보살펴 드리고 아침에는 문안 인사를 올려야 한다.[凡爲人子之禮, 冬溫而夏凊, 昏定而晨省.]"라고 하였다. 상례를 치르면서 『예기』 한 편을 손에서 놓지 않고 1589년 탈상하였다.

퇴계학파에서 『예기』는 중요한 의미를 지닌 책이다. 『예기』에는 첫째, 유학자의 자세를 확인할 수 있는 글들이 수록되어 있다. 특히 유학자의 통과의례인 관혼상제 관련 사례들이 기록되어 있어 유학자의 평소 실천 의례와 그 의미가 무엇인지 고민할 수 있는 단서를 제공해 준다. 둘째, 상례 기간 진행되는 의절과 그 의절의 의미를 연구할 수 있는 시간이 된다. 이때까지 조선에서는 『가례』를 비롯한 향례와 왕조례 등이 제대로 구비되어 있지 않았다. 특히 『가례』는 불완전한 저술로 그에 대한 훈고와 고증 그리고 해석이 완비되지 못한 때였다. 퇴계학파에서는 『가례』의 해석을 『예기』 연구를 통해 진행하였다는 점을 고려하면, 회곡 선생이 『예기』를 읽었다는 것은 그 자체로 의미가 있다고 할 수 있다. 셋째, 『예기』를 읽은 이유는 다른 곳에 마음을 두지 않고 오로지 돌아가신 대상과 그 대상을 위한 의절에 전념하려는 것이다. 돌아가신 분에게 전념함으로써 슬픔을 오롯이 하여 불효자의 마음을 표현했던 것이다.

백담 선생 봉안문

도통의 실마리를 생각해 보면 恭惟道緖

멀리 희헌으로 시작하여　邈自義軒
정밀하고 전일하게 중도 지키고　精一執中
서로 전한 것 진실하였다네　允矣相傳
니구산에 성현 탄생하시어　尼丘誕聖
전해 온 것 집대성하였네　集厥大成
안자 증자 그 이치 알았고　顏曾見知
자사 맹자 이어 밝혔네　思孟繼明
진나라 만나도 불타지 않았고　遭秦弗燼
송나라를 만나서 일어났다네　至宋乃興
염계 낙양 관중 민중에서　濂洛關閩
후학 인도하니 해가 솟는 듯　開來日昇
유학이 나에게 있지 않는가 하여　文不在茲
북쪽 남쪽 차별하지 않았다네　罔間南朔
이곳 우리 동방　伊我東方
어진 백성 많으니　民獻有足
기자의 교화가 지금까지도　箕化至今
사람의 이목에 남아 있다네　在人耳目
한 치 얻고 한 자 얻는 것도　得寸得尺
일 아닌 것 없다네　無非事者
저 산천 우러러보니　瞻彼溪山
시서의 아취 묻어나고　詩書之雅
퇴계 선생의 문하에 나아가　先生及門
스승의 가르침 본받았네　永言儀刑
자신을 수양하는 학문 닦았고　學以爲己
외면의 영화는 일삼지 않았네　不事外榮
진리를 쌓고 오래 노력하여　眞積力久
능히 이루어짐 있었네　乃克有成
심오한 학문 행함이 있어　邃學有行

성상께서 유시하셨고 天語所諭
성균관 가르침 맡으니 掌教成均
선비들 구름처럼 모여들었네 多士雲趨
도리는 세상에 행할 만하였지만 道可行世
운명이 때맞춰 도모할 수 없었고 命不時謀
용덕이 나타나지 않아 龍德不見
두루 시행할 수 없었네 厥施未普
고향 산천에 돌아온 것도 歸來故山
또한 질병 때문이었네 亦病之故
숲속 한가로이 소요하니 婆娑中林
규봉 아래 으슥한 곳이네 奎峯是奧
세월 흘러 늘그막에 歲月晼晩
옛날 입던 옷 손질하였네 初服是補
아득한 우리 마을 悠悠我里
말할 것도 없는 호향인데 互鄕難言
가르치고 인도함 실로 많고 誘掖良多
계도하여 허물 없게 하여 啓迪無愆
덕을 이룬 것은 없으나 雖無成德
또한 경지 오른 이 많았네 亦多有造
들어와 효도하고 나아가 공손하니 入孝出恭
어찌 가르침 없다 하겠는가 豈曰無斅
주리면 먹고 목마르면 마시는 것도 飢食渴飮
가르침에서 나온 것이라네 莫非所教
나처럼 어리석은 이를 俾我雖貿
짐승에서 면하게 해 주고 獲免走獸
끼친 은택 없어지지 않으니 遺澤不斬
사모의 정 오래도록 변함없네 思慕愈久
떳떳한 본성 덕을 좋아하여 秉彝好德

높은 산처럼 우러르네	高山仰止
도모하지 않고도 뜻이 같아	不謀而同
우러르는 장소 만들었네	瞻依有地
천 길 높은 용산은	龍山千仞
다니면서 바라보는 곳	蓋所行視
하물며 나는 같은 마을이고	矧吾同社
소나무 잣나무 서 있으니	松柏有樹
이곳에서 제사 지내는 것	可祭於斯
실로 옛 뜻에 부합하네	實合古義
옛날 건물 새로 보수하고	仍舊維新
조용한 사당을 마련하여	於侐有廟
비로소 제향을 거행하네	肇修祀事
이에 신주 모시니	聿妥神侑
갱장의 마음 간절하고	慕切羹牆
이쪽저쪽 싫어함 없다네	彼此無斁
영령께서 오르내리시기에	陟降祗肅
향기로운 제물 올리니	薦羞芬苾
멀다 여기지 마시고	毋我遐逖
부디 흠향하옵소서	庶我歆格
모두 서로 기뻐하니	凡在胥悅
좋은 때 길한 날이로다	辰良月吉
지금부터 대대로	自今世世
영원히 보전되리라	永保無極

-『晦谷先生文集』 권2, 奉安文, 「栢潭先生奉安文」

이상은 백담의 신주를 봉안하면서 작성한 글이다. 희헌曦軒은 고대 전설상의 제왕인 태호太昊 복희씨伏羲氏와 황제黃帝 헌원씨軒轅氏를 지칭하는 말로 태고시대를 상징한다. 태고시대부터 백담에 이르는 도통의 계보를 중심으로 작성한 것이다. 위태한 인심을 정밀하게 살피고 미미한 도심을 전일하게 지켜 중中을 잡아온 이력이 바로 도통의 계보라고 할 수 있다. 희헌을 계승한 이는 니구산에서 태어난 공자이다. 공자는 당대의 학문을 집대성하여 새로운 시대를 열었다. 그리고 그의 제자인 안자와 증자가 공자가 말씀한 이치를 알았고, 다시 자사와 맹자로 계승된다.

이러한 도통은 진나라가 분서갱유焚書坑儒를 통해 유가를 탄압하고 법가를 숭상하게 만들었지만 지속되어 송나라에 이르러 다시 흥기하게 되었다. 염계는 주돈이가, 낙양은 정호와 정이 형제가, 관중은 장재가, 민중은 주희가 거주하던 곳으로 성리학이 발흥하여 면면히 이어졌던 유학의 도통이 송대에 이르러 밝혀지게 되었다는 것이다. 그리고 그들은 북쪽과 남쪽을 차별하지 않고 유교의 도리를 가르쳤다.

이제부터 우리나라의 도통의 계보를 아울러 제시한다. 우리나라는 옛날부터 어진 백성이 많아 기자의 교화가 지금까지도 남아있다. 우리나라의 산천을 우러러보아도 시서詩書의 아름다운 취지가 묻어나 있다. 드디어 그 아취를 돋보이게 하는 인물이 등장하는데, 바로 퇴계 이황이다.

백담은 퇴계 문하에 나아가 스승의 가르침을 본받았는데, 그 핵심은 자기를 수양하는 위기지학爲己之學이다. 외면의 영화를 일삼지 않고 진리를 축적하는 데에 온 정력을 다할 뿐이다. 백담은 퇴계의 제자로서 성리학을 자신의 학문으로 삼았고, 그것은 임금의 유시諭示로, 성균관의 가르침으로 드러났다. 선비들이 구름처럼 모여들어 백담의 가르침을 듣고자 하였다. 그러나 운명은 때를 도모할 수 없게 하여 그의 덕행이 세상에 두루 행해지지 못하게 하였다.

고질병으로 고향으로 돌아와 한가로이 소요하면서 세월이 흐르고 말았다. 그의 학문과 덕행을 통해 고향의 선비들도 일가를 이룬 사람이 많았다. 집에서는 효도를 다하였고 밖에서는 공손을 다하였다. 그런 분에게 회곡은 가르침을 받았던 것이다. 어리석은 나를 짐승처럼 살지 않게 해 주었다는 표현이 인상적이다. 그의 은택은 사라지지 않았고, 따라서 그에 대한 사모의 정 또한 변화가 없다. 게다가 백담의 거처는 회곡과 같은 곳이었다. 옛날 건물을 새로 보수하여 조용한 사당을 마련하고 신주를 모셔 제향하려고 하니, 향기로운 제물을 꺼리지 말고 흠향해 달라는 것이다.

6) 회곡의 인격과 그에 대한 평가

병인년(1590)에 성균관 직강에 제수되고 다시 사간원 헌납에 제수되었지만 모두 나아가지 않았다. 의성 현령에 제수된 것은 어머니를 위해 억지로 부임한 것이다. 신묘년(1591)에 병으로 사직을 청해 체직되어 돌아왔다. 운산역에서 일생의 짐바리를 검사하던 중 자초紫草 한 묶음이 보여 따져 묻자, 모친의 생신 때 옷을 염색하고 남은 것이었다. 공이 이를 관청의 물품이라고 여겨 돌려보냈다.

을미년(1595)에 사헌부 장령·세자시강원 필선에 제수되었으나 모두 병으로 사직하였다. 사간·장령·집의·보덕에 제수되었으나, 잠시 취임하였다가 사직하고 돌아갔다. 선조가 경연에 참석한 신하들에게 "권춘란은 하루도 조정에 있지 않으려고 하는데, 내가 함께 일하기에 부족하다고 여겨서 그런 것인가?"라고 하자, 신하들이 "편모가 살아 계신데, 나이가 많아 한편으로 기쁘고 한편으로 두려워, 멀리서 지내는 것을 민망히 여기기 때문입니다."라고 대답하니, 임금이 "그 효성이 가상히 여길 만하다."라고 매우 깊이 칭찬하였다.

통례원 상례에 제수되고 다시 보덕에 제수되자, 고사하였으나 임금이 윤허하지 않았다. 공은 매번 서연書筵에서 반드시 덕성을 성취하는 것을 임무로 여겼으며, 경전과 사서를 섭렵하는 데에 그치지 않았다. 강론이 간혹 하루라도 간격이 생기면, 유신儒臣을 만나지 않는 것은 아침저녁으로 명을 받들어 보필하는 뜻이 아니라는 것을 반드시 진달하였다. 동궁이 하교하여 "권 아무개가 보덕이 되니, 몸은 비록 피곤하지만, 학업은 날로 성취된다."라고 하였다. 뒤에 다시 병으로 체직되어 고향으로 돌아갔다.

무술년(1598)에 집의·직강·사간·사예·사성에 제수되었으나 모두 부임하지 않았다. 조정에서 청송이 한적하여 부모를 봉양하는 것이 편하다고 논의하여 제수의 명이 내려졌다. 공이 부임한 지 몇 개월 뒤 모친의 병세가 위독해지자 아침저녁으로 띠를 풀지 않고, 날마다 향을 피워 하늘에 기도하면서, 왼쪽 허벅지를 찔러 피를 모아 약에 타서 드렸다. 마침내 소생하셨지만, 한 달 정도 지나고 나서는 끝내 일어나지 못하게 되니, 공이 나흘 동안 입에 물을 대지 않았다. 관을 받들어 돌아와서 승지 공의 묘에 부장祔葬하고 부친의 상 때와 동일하게 여묘살이를 하였다. 모친이 병을 앓을 때 파 냄새 맡는 것을 싫어하였는데, 공은 이때부터 파를 먹지 않았다.

–『晦谷先生文集拾遺』, 附○行狀, 「通訓大夫, 行司憲府執義, 兼世子侍講院輔德, 春秋館編修官, 晦谷權先生行狀【柳台佐】」

1590년 성균관 직강과 사간원 헌납에 제수되었지만 나아가지 않았는데, 의성 현령에 제수된 것은 어머니를 봉양하기 위해 억지로 부임한 것이다. 1591년 의성 현령 재임 중 병으로 사직을 청하고 고향으로 돌아오는 도중 자초紫草가 짐바리에 들어 있자, 관청의 물품이라고 여겨 돌려보냈다. 그런데 그 자초는 모친의 생신 때 옷을 염색하고 남은 것이었다. 공과 사를 철저히 구분하는 그의 인품을 확인할 수 있는 사례이다.

1595년 사헌부 장령 등에 계속해서 제수되었는데, 잠시 취임하였다가 사직하자, 선조 임금은 자신이 부족해서 회곡이 조정에 있으려고 하지 않는 것인지를 경연에 참석한 신하들에게 묻는다. 그들은 회곡이 늙은 어머니가 홀로 있는 것을 걱정하고 멀리 지내는 것을 안타깝게 여겨서 사직한 것이라는 사실을 보고한다. 동궁 또한 회곡이 보덕으로 자신을 가르치고 있는데, 몸은 피곤하지만 학업은 날로 성취될 수 있었다고 칭찬한다.

1598년도 집의와 직강 등에 제수되었지만 모두 부임하지 않았는데, 청송이 한적하여 부모를 봉양하기 편하다고 논의하여 제수의 명이 내려졌다. 그런데 부임한 지 몇 개월 뒤 모친의 병세가 위독해지자 날마다 향을 피워 모친의 생명을 구원해 달라고 기도를 그치지 않았고, 또 왼쪽 허벅지를 찔러 피를 모아 약에 타서 복용하게 하는 등 갖은 노력을 다하였지만, 모친이 돌아가시고 말았다. 모친이 생전 병을 앓고 있을 때 파 냄새를 싫어하셨는데, 회곡은 이때부터 파를 먹지 않았다. 어렸을 때부터 지녔던 효성이 부모가 돌아가실 때까지 지속된 것이다.

7) 회곡의 저술과 산수의 즐거움

계묘년(1603)에 삼년상을 마친 다음, 항상 감원정에 거주하면서 벼슬하는 것을 좋아하지 않는 것이 더욱 굳건해졌다. 『진학도』와 『공문언인록』 약간의 책을 찬술하였고, 와서 배우는 이들이 있으면 반드시 게을리하지 않고 가르쳤는데, 재기才器가 있다는 것을 알게 되면, 마음으로 기뻐하여 반드시 성취시키고자 하였다.

갑진년(1604)에 서애 류성룡, 우복 정경세와 함께 서미동에 모여 지난날의 의문점을 강토하였다. 서애 선생이 "오랜 벗이 한가롭게 거처하면서 고요히 심성을 기르고 있는데, 그 몸소 행하는 실상을 통관해 보니, 그 실제를 상상할 수 있다."라고 하였다.

을사년(1605)에 7월 홍수로 여강서원이 떠내려갔다. 장차 다시 건축할 것을 도모하면서도 수해가 두려워 다른 곳으로 이건하고자 하였다. 공이 "퇴계의 발자취가 여기에 있으니, 옮길 수 없다."라고 하고, 여강에 그대로 중건하였다. 홍문관 수찬에 제수되었고, 교지를 내려 부르면서 다시 보덕에 제수하여 올라오기를 재촉하였지만, 모두 병으로 사직하였다.

무신년(1608)에 영천 군수에 제수되었으나 부임하지 않았다.

무술년(1610)에 교리에 제수되었으나 다시 병으로 사직하였다. 독서讀書하고 강도講道하는 여가에 꽃을 기르고 나무를 심으며 돈대墩臺와 연못 만드는 것을 일삼았는데, 동네 사람들이 농사도 모르고 한다고 하자, 공은 "이것이 나의 농사라오. 연꽃을 심으면 열매를 먹을 수 있고, 국화를 기르면 꽃잎을 먹을 수 있으며, 나무를 심으면 서리 맞은 단풍을 감상할 수 있으니, 그윽한 가운데 결연한 성법成法이 있다오."라고 하였다.

– 『晦谷先生文集拾遺』, 附○行狀, 「通訓大夫, 行司憲府執義, 兼世子侍講院輔德, 春秋館編修官, 晦谷權先生行狀【柳台佐】」

1603년 삼년상을 마치고 감정원에 있으면서 사환의 길을 굳건히 끊을 수 있게 되었다. 이에 『진학도』와 『공문언인록』을 찬술하고, 공부하러 찾아오는 제자들이 있으면 게을리하지 않고 가르쳤는데, 재주와 기량이 있다는 것을 알게 되면 마음속으로 기뻐하면서 그를 성취시키려는 노력에 최선을 다하였다.

1604년에는 서애 류성룡·우복 정경세와 함께 이전에 서로 의심하던 부분을 강론하고 토론하였다. 이때 서애는 회곡이 한가롭게 거처하면서 고요히 심성을 기르는 모습을 볼 수 있었다는 감상을 전한다. 1605년 여강서원이 홍수에 떠내려가자 선비들이 이건하고자 하였지만, 회곡은 퇴계의 발자취가 서려 있는 곳을 옮길 수 없다고 하여 그대로 중건하였다.

여강서원廬江書院은 1573년(선조 6)에 지어졌는데, 처음에는 퇴계 이황의 위패를 모시고 제사 지내다가 1620년(광해군 12) 학봉 김성일, 서애 류성룡의 위패를 함께 모시게 되었다. 1676년(숙종 2) 임금으로부터 '호계虎溪'라는 이름과 토지, 노비 등을 하사받았다. 1605년(선조 38) 대홍수로 유실되었는데, 이때 회곡의 건의로 다시 지어졌던 것이다. 현재는 한국국학진흥원 오른편 언덕 위에 새로 복설되어 있다. 호연지기를 기른다는 의미의 양호루養浩樓를 지나면, 학문에 들어간다는 뜻의 진학문進學門이 나오고, 진학문을 통과하면 숭교당崇敎堂 위 호계서원 현판이 보인다. 그리고 그 양편으로 인을 구한다는 뜻의 구인재求仁齋와 의를 밝힌다는 의미의 명의재明義齋가 있다. 도산서원의 농운정사를 본받아 '공工' 자형으로 만들어졌는데, 학생들이 공부하는 몸가짐을 만들게 하였으며 후대 서원건축에 영향을 주었다.

이처럼 회곡은 책을 읽고 도를 강론하면서도 여가가 나면 꽃을 기르고 나무를 심으며 연못을 만드는 등 산수의 즐거움을 찾았다. 동네 사람들이 농사도 모르고 한다고 하자, 농사짓는 자체가 의미가 있지 기술을 적용하는 것만을 농사라고 해서는 안 된다는 가르침을 준다. 그는 강태공이 낚싯대를 드리우고 세월을 낚는 것과 유사한 모습을 보였다. 천리가 유행하는 자연이 바로 공부의 대상이라는 것이다.

8) 수렴 공부와 진리 추구

청풍자 정윤목이 매번 공을 보면서 마음을 수렴하고 자신을 검속하기를 기필하면서 시를 지어 다음과 같이 찬미하였다.

온 세상 혼탁해져 가는데	擧世皆歸濁
그대만 홀로 맑음 지켰네	惟君獨守清
만년의 절조 능히 지키고	能全晩年節
세한의 곧은 마음 보전했네	自保歲寒貞
솔과 대나무 지기로 삼고	松竹爲知己
매화 연꽃과 형제처럼 지냈네	梅荷作弟兄
복희와 황제 이곳에 있으니	羲皇卽此地
맑은 달 베갯머리 비추네	霽月枕邊明

-『清風子先生續集』 권1, 詩○五言律詩,「贈權晦谷【春蘭】」

공의 후사 대간공이 경주 부윤에 제수되어 가묘에서 분황제를 지냈는데, 공이 "너는 입신양명하여 부모를 드러내었는데, 나는 너에게 미치지 못했구나."라고 하며 눈물을 흘렸다. 그의 부모를 사모하는 효성이 이처럼 나이가 들면 들수록 더욱 독실하였다. 백담 선생이 시를 지어 공에게 보여 주었다.

마음이 고요할 때 실상을 보아야 하니 心到靜時須見實
학문은 꾸밈이 없을 때 진리가 보인다네 學無文處卽知眞
부귀는 내 몸 밖의 일과 상관없는데 富貴不關身外事
재화는 꿈속 티끌을 헛되이 따라가네 才華空逐夢中塵

공은 이 시를 좌석 오른쪽에 걸어 두고 젊어서부터 나이가 들 때까지 경계하고 성찰하기를 한결같이 하여 외물에 마음이 얽매이지 않게 하였다.

-『晦谷先生文集拾遺』, 附○行狀, 「通訓大夫, 行司憲府執義, 兼世子侍講院輔德, 春秋館編修官, 晦谷權先生行狀【柳台佐】」

청풍자淸風子 정윤목鄭允穆(1571-1629)은 회곡을 청렴을 지키고 절조를 지킨 인물이라고 평가한다. 매화가 겨울 매서운 추위에서도, 연꽃이 더러운 흙탕물에서도 자신의 지조를 지키듯 회곡의 인생도 그러했다는 것이다. 비 갠 뒤 시원한 바람처럼 살다 간 회곡의 인생을 적절하게 비유하고 있다. 청풍자 정윤목은 본관이 청주淸州, 자가 목여穆如, 또 다른 호가 노곡蘆谷·죽창거사竹窓居士이다. 우의정을 지낸 정탁鄭琢의 아들로 태어났다. 한강 정구와 서애 류성룡에게 학문을 배웠다. 성리학뿐만 아니라 예학·음양학·병법·율학에 두루 뛰어났다. 1589년 사은사를 따라 명나라에 가서 선진 문물을 둘러보고 왔다. 1616년 천거로 소촌도 찰방召

村道察訪에 제수되고 1618년 통훈대부通訓大夫에 제수되었으나 광해군의 난정에 실망하여 사직하였다.

회곡은 백담의 시를 자신의 자리 오른쪽에 걸어 두고 젊어서부터 늙기까지 경계하고 성찰하여 마음이 외물에 휩쓸려 가지 못하게 하였다. 실상을 보려면 마음이 고요할 때여야 하고, 진리를 찾으려면 꾸밈이 없어야 한다는 것이 바로 그것이다. 부귀와 재화도 실상을 보고 진리를 찾는 것에 비하면 헛되고 헛된 것이라는 가르침을 평생의 경계와 성찰 대상으로 생각한 것이다.

9) 한강과의 일화

을묘년(1615)에 창석蒼石 이준李埈(1560-1635)과 함께 용산서원을 유람하고 『백담선생문집』을 교정하면서 수개월을 강학한 뒤에 파하였다.

정미년(1607)에 한강 정구가 안동 부사로 부임한 지 얼마 되지 않았을 때, 먼저 감원정으로 공을 찾아왔다. 공이 "안동은 문헌의 고장으로 불리는데, 백담 구봉령·학봉 김성일·서애 류성룡이 세상을 떠난 뒤로는 사림이 의지할 곳을 잃어 그 방향을 알지 못하게 되었습니다. 다행히 부사께서 부임하셔서 덕업을 살펴보고 문의할 곳이 있게 되었으니, 오늘을 시작으로 추향할 곳이 정해졌습니다."라고 하자, 한강이 "추로지향에서 어찌 이런 사람을 취하지 못할까 걱정하십니까?"라고 하였다. 술이 3번 돌자 공이 "부사께서 부임한 다음 날 객사에 앉았다가 여기화女妓花를 보시고는 바로 베어버리도록 명했다고 하는데, 그런 일이 있었습니까?"라고 묻자, 한강이 "내가 그 꽃의 이름이 기생과 비슷한 것을 미워하여 없애 버린 것입니다."라고 하였다. 이에 공이 "진실로 내 마음에 주재가 있다면 비록 남위나 서자라도 오히려 마음을 빼앗길 수 없는데, 어떻게 그 이름을 가차한 것으로 두려워

하겠습니까?"라고 하니, 한강이 그 말에 깊이 탄복하였다. 임자년(1612)에 용산서원이 완성되자 백담 선생의 위패를 봉안하였다.

–『晦谷先生文集拾遺』, 附○行狀, 「通訓大夫, 行司憲府執義, 兼世子侍講院輔德, 春秋館編修官, 晦谷權先生行狀【柳台佐】」

1607년 한강 정구가 안동 부사로 부임하여 감원정으로 회곡을 찾아왔다. 안동은 문헌의 고장인데, 백담 구봉령·학봉 김성일·서애 류성룡 등 퇴계학파를 이끈 선배들이 세상을 등지고 말아 의지할 데가 없으니, 한강이 추로지향鄒·魯之鄕인 안동을 잘 다스려 달라고 말을 건다. 추로지향은 공자와 맹자가 태어난 곳으로, 여기에서는 퇴계가 태어난 안동을 말한 것이다. 그런 다음, 회곡은 한강이 여기화女妓花라는 꽃을 베어 버리도록 명한 사실을 언급한다. 한강은 꽃 이름이 기생과 비슷한 것을 미워하여 없앴다고 답했는데, 회곡은 마음에 주재만 있다면 아름다운 미인이 유혹해도 마음을 빼앗길 수 없으니, 기생의 이름을 빌렸다고 하여 그 꽃을 두려워해서야 되겠느냐고 질타한다. 회곡의 자기 수양의 깊이를 알 수 있는 대목이다.

10) 회곡의 죽음

정사년(1617) 7월 병세가 있자 자제들이 약시중을 드는 것 이외에 부인과 여자들은 가까이 오지 못하게 하고 무당이 기도하는 일을 엄격하게 금하였다. 기력이 없어도 정신을 놓지 않았고, 의관을 단정히 하고 바르게 앉아서 서적을 대하다가, 자질子姪에게 명하여 먹과 종이를 받들게 하여 "조화를 타고 돌아가니, 다시 한이 없다."라는 말을 써 놓고 8월 16일 감원정사에서 고종考終하니, 향년 79세였다. 같은 해 10월 6일 유언에 따라 사니산 아래 승지 공의 묘역 옆 축좌丑坐의 언덕에 장사 지냈다.

아내는 숙인 금성박씨로 강릉부사 승간의 따님이다. 자식이 없어 공의 동생 판서공 춘계의 아들 태일을 후사로 삼았다. 이분이 대간공이며 호는 장곡이다. 대간공의 아들은 세후이고, 4녀는 안경엄·오익황·김요형·한필구에게 시집갔으며, 측실이 1남 세종을 낳았다. 세후는 4남 두첨·두제·두산·두칠을 두었고, 5녀는 이원유·구석창·김준·김국주·이의식에게 시집갔다. 경엄은 1남 헌을 두었고, 익황은 2남 덕기·경기를 두었으며, 요형은 1남 석창을 두었고, 필구는 1남 참판 여옥을 두었다. 세종은 1남 두령을 두었다. 두첨은 1남 학을 두었고, 두제의 1남은 고이고, 1녀는 김기점에게 시집갔다. 두산은 2남 후·상을 두었고, 두칠은 2남 영·공을 두었다. 원유는 1남 교명을 두었고, 석창은 1남 흥주를 두었으며, 준은 1남 태서를 두었고, 국주는 1남 후담을 두었으며, 의식은 1남 광필을 두었다. 헌의 1남은 참봉을 지낸 중현이고, 두 딸은 참판 이원록과 박성하에게 시집갔다. 여옥은 1남 기수를 두었다. 이하 내·외손은 다 기록하지 못한다.

–『晦谷先生文集拾遺』, 附○行狀, 「通訓大夫, 行司憲府執義, 兼世子侍講院輔德, 春秋館編修官, 晦谷權先生行狀【柳台佐】」

회곡은 1617년 8월 조물주가 만들어 놓은 시간의 한계를 인정하고 여한이 없었다는 말을 남기고 세상을 떠난다. 향년 79세였다. 회곡의 유언에 따라 부친의 묘역이 있는 사니산에 장사지냈다. 자식이 없어 동생 춘계의 아들 장곡 권태일을 후사로 삼았다. 장곡은 회곡 이후 안동권씨 가문을 더욱 빛나게 한 인물로 자리 잡는다.

11) 회곡의 일생 정리①

공은 품수받은 자질이 남달랐고 영특하였다. 어렸을 때부터 노성하다는 명성이 있었고, 처음 배울 때부터 충효의 뜻이 있었다. 경전의 심오하고 은미한 뜻을 부지런히 반복하고 질의하여 공부하였고, 마음을 침잠하여 고요히 완미하였다. 일찍부터 백담의 문하에 들어가 제자의 예를 갖추었고, 다시 퇴계 선생에게 나아가 질정하였는데, 자주 칭찬을 받았다. 감화를 받고 훈도를 입으면서 자질이 더욱 깊어졌고 진실로 얻은 바가 있었다. 백담이 정밀한 사람이 권춘란이라고 자랑하고 지산이 사문을 책임질 사람이라고 장려하였으니, 추중을 받을 만큼 훌륭한 명망이 있었음을 알 수 있다.

반 이랑의 네모진 연못에 날아오를 듯한 정자를 지었는데, 백담이 지어 준 시에 "혼연히 물들지 않고, 광대하여 끝이 없네."라고 읊은 것이 어떻게 우연이겠는가? 심지어 "마음이 고요할 때 실상을 보아야 하니, 부귀는 내 몸 밖의 일과 상관이 없다네."라는 구절을 공은 그 무엇보다 일생토록 지키며 잃지 않았다. 그래서 처음 벼슬길에 나아갈 때부터 예문관으로부터 사헌부와 사간원 그리고 홍문관에 이르기까지 왕의 교지가 연달아 내려왔고, 왕의 말씀이 정중하였지만 나아가는 예를 어렵게 하고 물러나는 의절을 쉽게 하여, 간혹 글을 올려 힘써 사양하거나 혹은 몸을 소중히 여겨 자주 물러났다. 한 차례의 찰방과 네 차례의 수령에 억지로 부임했던 것도 효성만으로는 봉양할 수 없다는 경서의 가르침에 깊이 감동했기 때문이다. 부모를 위해 잠시 뜻을 굽혔지만 조심스럽고 청렴하고 신중하며 가까운 백성을 공평하게 다스리는 것이 관직 생활의 척도였다.

－『晦谷先生文集拾遺』, 附○行狀, 「通訓大夫, 行司憲府執義, 兼世子侍講院輔德, 春秋館編修官, 晦谷權先生行狀【柳台佐】」

회곡은 어려서부터 영특하였고 노성하다는 명성이 있었으며, 배움을 시작할 때부터 충효에 뜻을 두었다. 경전 공부는 반복하여 질의하였고, 고요히 사색하는 방법을 사용하였다. 백담 문하에 들어가 진리를 추구하였는데, 백담 구봉령은 정밀하게 살피는 사람이라고 칭찬하였고 지산 김팔원은 사문을 책임질 사람이라고 장려하였다.

회암 주희를 따라 반 이랑의 네모진 연못에 감원정이라는 정자를 지어 산수의 즐거움을 누리면서 천리를 체인하고자 하였다. 고요한 곳에서 마음의 실상을 보는 공부를 하였기 때문에 부귀와 명성을 자신과 상관없는 것으로 생각하였다. 예문관·사헌부·사간원·홍문관 등 청요직을 거쳤으나, 출사할 때는 어렵게 하고 물러날 때는 쉽게 하였다. 1차례의 찰방과 4차례의 수령에 부임한 것도 효성만으로 봉양할 수 없다는 경서와 스승의 가르침 때문이었다. 그의 관직 생활의 척도는 청렴과 공평이었다.

12) 회곡의 일생 정리②

부모를 섬길 때에는 살아서는 봉양하고 돌아가서는 장례를 치르며, 여막에서 성묘하고 매월 초하루 사당에 배알하는 일에 정성과 효심을 극진히 갖추었다. 배울 때에는 사서육경으로부터 제자백가에 이르기까지 모두 융회관통하지 않는 것이 없었다. 만년 공부는 전적으로 『주역』 1부에 힘썼으며, '중中' 한 글자를 뽑아 벽에 걸어 놓고는 "옛 성현은 반드시 이것을 천하의 대본으로 여겼다. 또한 희로애락이 발하기 전의 기상을 징험할 수 있으니, 말하고 침묵하고 움직이고 고요한 사이에 한순간도 학문이 아님이 없고 하나의 일도 학문이 아님이 없다."라고 하였는데, 공의 말은 횡거橫渠 장재張載(1020-1077)가 "낮에는 하는 일이 있고, 밤에는 얻는 것이 있어야 하며, 숨 쉴 때는 기름이 있어야 하고, 눈을 깜빡할 사이에도 보존하는 바가 있어야 한다."라고 한 말과 거의 유사하다.

평소 학봉 김성일을 존모하여 오래될수록 더욱 독실하였고, 그의 여러 손자들을 마치 자기 자식처럼 가르쳐 성취시키고자 하였다. 청음 김상헌이 공의 묘지명에서 "마음이 맑고 시원하였으며, 산수를 좋아하여 바위를 깎고 연못을 판 다음, 그 사이에서 한가롭게 거처하면서 즐거워 밥 먹는 것도 잊어버렸다. 이 세상의 화려한 명리의 습속을 뜬구름처럼 여겼다. 사물을 응접할 때 마음을 비우고 뜻을 공손히 하여 벽을 두지 않았으며, 남의 훌륭한 점을 칭찬할 때는 길게 하고, 나쁜 점을 비판할 때는 짧게 하였으며, 시비를 가릴 때에는 일도양단하였다. 선생의 풍모를 들은 이들 가운데 공경을 일으켜 생각을 바꾸지 않는 사람이 없었다. 도道의 사자使者나 고을의 수령들이 이름을 돌리고 집을 찾아와서 깃발이 누추한 거리에 나부껴도 오로지 빈주의 예를 갖출 뿐 마음에 담을 쌓는 일이 없었다. 후생들을 이끌어 학문에 힘쓰게 하였다. 처음 백담에게 공부할 때, 선배들에게 기대와 추중을 받았는데, 만년에 이르러 증험되었다. 평소의 마음 씀과 몸가짐이 순수하였다."라고 하였으니, 이는 사실을 기록한 것이다.

–『晦谷先生文集拾遺』, 附○行狀, 「通訓大夫, 行司憲府執義, 兼世子侍講院輔德, 春秋館編修官, 晦谷權先生行狀【柳台佐】」

부모를 섬길 때는 살아 계시면 진심으로 봉양하였고, 돌아가시면 상례와 장례를 정성껏 지냈다. 삼년상을 치르면서 죽을 뻔하였던 것도 그의 효심을 확인할 수 있는 부분이다. 사서육경으로부터 제자백가에 이르기까지 모두 이해하였고, 만년에는 『주역』 공부에 힘썼는데, 특히 '중中' 한 글자를 중시하였다. 희로애락이 아직 발하지 않았을 때, 즉 미발의 기상을 징험하기 위해 노력하였다.

미발의 기상을 징험한다는 것은 감정이 아직 발현되지 않았을 때 대본으로서의 중을 자각하고 그것이 시원하고 깨끗하다는 것을 체험한다는 것이다. 회암 주희가 스승 연평 이통과의 문답을 정리한 『연평답문』이라는 책이 있다. 이 책에서 연평은 회암에게 미발의 기상을 체인하라고 주문한다. 퇴계는 『연평답문』을 읽고 연평이 제시한 길을 걸으려고 하였고, 백담과 회곡을 비롯한 퇴계 문하의 제자들도 모두 고요한 때에 좌정하여 자신의 마음을 살피는 공부를 하게 된다.

평소 학봉 김성일을 존모하여 시간이 갈수록 독실하게 대우하였고, 학봉의 손자들을 가르칠 때도 자신의 자식처럼 성취시키려고 하였다. 청음 김상헌이 회곡의 묘지명에서 "마음이 맑고 시원하였으며 … 화려한 명리의 습속을 뜬구름처럼 여겼다. … 처음 백담에게 공부할 때, 선배들에게 기대와 추중을 받았는데, 만년에 이르러 증험되었다."라고 한 말들은 모두 거짓이 아닌 사실을 기록한 것이었다.

13) 회곡의 일생 정리③

아, 『진학도』 1질은 비록 책을 엮었지만, 『언인록』은 편찬하지 못했고, 다른 저술도 모두 흩어져 많지가 않다. 용산사의 사문師門에 배향하는 예가 어떻게 백세 사림의 갱장羹墻에서 그리워하는 마음을 위로할 수가 있겠는가? 서원의 유생 김성로가 공의 「가장」 한 통을 가지고 왔고, 공의 7대손 엽이 정중하게 거듭 부탁하였다. 생각하건대, 비루하고 용렬한 내가 어찌 감히 말을 엮어 일을 서술하는 데에 참여하여 태재汰哉의 비난을 범할 수가 있겠는가? 다만 유집에 선조 문충공에 대한 제문을 읽다가 "퇴계로부터 여파를 거슬러 이락伊洛에서 연원을 찾았네."라는 말이 있어, 당시 도의로 맺은 교유에 진실로 감탄하고 경모하는 마음을 가눌 수가 없었다. 이에 참람함을 잊고 가져온 「가장」을 교정해서 위와 같이 서술하여 붓을 잡은 군자가 채택할 것에 대비한다. 가선대부 원임 예조참판 겸 동지연 의금부사 오위도총부 부총관 풍산 류이좌가 찬한다.

– 『晦谷先生文集拾遺』, 附○行狀, 「通訓大夫, 行司憲府執義, 兼世子侍講院輔德, 春秋館編修官, 晦谷權先生行狀【柳台佐】」

회곡의 저술로 『진학도』와 『언인록』이 있지만, 다른 저술은 모두 흩어져 버려 남아 있는 것이 많지가 않다. 이른바 『진학도』는 『성학십도聖學十圖』를 계승한 것이니, 퇴계 이후 처음으로 작성된 도설圖說이라고 할 수 있다. 『진학도』는 26개의 그림으로 이루어져 있고, 초학자들이 도리를 깨우치는 데 도움이 되는 것이다.

『진학도』는 「태극통체인사도太極統體人事圖」를 첫 편으로 하고, 이어 「성이기性理氣」·「심통성정心統性情」으로 마음의 구성과 내용을 밝혔으며, 다시 「동명東銘」·「서명西銘」·「사물四勿」·「극기克己」·「백록동학규白鹿洞學規」·「경재잠敬齋箴」·「숙흥야매잠夙興夜寐箴」·「소학내외편목小學內外篇目」으로 공부의 선후를 알려 주고 있고, 『중용』·『대학』·『논어』·『맹자』·『시경』·『서경』·『주역』·『춘추』·『단서丹書』를 그림으로 제작해서 성현이 후학을 가르친 교훈을 알려 주었다. 「사무사思無邪」·「인심도심人心道心」·「무불경毋不敬」 등의 그림을 본서 아래에 붙였으며, 편말에 「성현도통전서지도聖賢道統傳緒之圖」로 귀

결을 삼았다. 『공문언인록』 한 질은 『진학도』와 함께 시종이 되게 하였지만, 차례를 온전히 정하지 못하고 있었고, 또 소실되었기 때문에, 회곡의 사상사적인 특징은 『진학도』를 통해 확인할 수밖에 없다.

2 빙호추월과 쇄락기상

솔 언덕 깎아 높은 당 세우고	手斲松崖敞野堂
정자 주위 둥글게 작은 연못 만들었네	帶楹規作小池塘
빈 곳 둥근 달 온 가득 비치고	虛涵脫匣圓輪滿
구름 같은 옥빛 물결 길게 끌어왔네	活引縈雲玉派長
일월 광채 혼연히 물들지 않고	日月精華渾不染
건곤 본체 광대하여 끝이 없네	乾坤本體浩無疆
「관서유감」의 교훈 담겨 있어	觀書警句垂明訓
옆에 앉아 가르침 받드는 듯하네	薰沐如承謦欬傍

– 『栢潭先生續集』 권3, 七言律詩, 「題寄權彦晦鑑源亭」

윗글은 백담 구봉령이 회곡에게 보낸 시이다. 회곡은 신유년(1561) 사마시에 합격하여 부모를 기쁘게 하는 데 힘썼으며, 거처하는 마을 어귀의 자연 경치가 빼어난 곳에 몇 칸의 정사를 짓고는 물길을 끌어와 연못을 만들었다. 그리고는 회암 주희의 시 가운데, "네모난 연못은 하나의 거울이요, 근원에서 물이 솟아나네."라는 말을 취해 '감원정鑑源亭'이라고 편액하였다. 그때 백담이 그윽한 경관에 기뻐하며 지어 준 시가 바로 이것이다.

감원정鑑源亭은 경북 안동시 와룡면 가구리 대밭골[竹田洞]에 있었던 정자이다. 회곡 선생이 만년에 벼슬을 버리고 마을 어귀에 지어 물을 끌어 못을 만들어 '감원정'이라 하고 여기서 소요하면서 후진을 양성하였다. 감원정이란 명칭은 주희의 시 「관서유감觀書有感」의 "반 이랑 방당이 거울처럼 펼쳐지니, 하늘빛 구름 그림자 그 안에서 배회하네. 묻노니 어이하여 그처럼 해맑을까, 근원에서 생수가 솟아나기 때문이지.[半畝方塘一鑑開, 天光雲影共徘徊. 問渠那得淸如許, 爲有源頭活水來.]"라고 한 데서 취한 것이다.

회곡 선생이 천리가 유행하는 자연을 느끼면서 살아가려고 했던 것은 그 유래가 있다고 할 수 있다. 가깝게는 퇴계 이황과 백담 구봉령이 그 연원이었을 것이고, 멀게는 연평 이통과 회암 주희가 그 연원이었을 것이다. 회곡이 지은 「백담정사잡영栢潭精舍雜詠」을 보면 이를 알 수가 있다. 「백담정사잡영」은 주희의 「운곡정사잡영雲谷精舍雜詠」을 모범으로 삼고, 「도산잡영陶山雜詠」을 모방하여, 백담정사 주변의 지명을 중심으로 그 경관을 새롭게 구성하여 시로 형상화한 것이다. 뒤에 후지後識가 붙어 있는데, 다음과 같다.

금년 가을 8월 28일 백담정사를 방문하였다. 벌써 선생께서 돌아가신 지 5년이나 되었다. 당堂과 대臺를 오르내리면서 구름 빛깔 바라보니, 수심이 깊은 것을 깨닫게 된다. 글방의 시렁은 이미 올렸지만, 창호는 아직도 완성되지 못하였다. 백담으로 가는 길은 새로 계단이 놓였고, 주변에는 구름이 깔려 있다. 이는 모두 선생께서 가리키던 곳이었는데, 끝내 보시지 못했으니, 애통함을 이겨 낼 수 있겠는가? 벽 사이를 돌아서 보니, 대臺·암巖과 봉우리들이 모두 명칭이 있어 게시해 두었지만, 그렇게 명명한 사실을 기록한 것이 없었다. 백담의 승려에게 물어보니, 대개 선생께서 뜻은 있었지만 이루지 못했다고 하니, 더욱 통탄스러울 만하였다.

아, 명승지는 항상 있는 것이 아니요, 사람을 얻어야 이름이 있게 되는 것이다. 이 산이 선생을 만난 것은 이 땅이 가진 하나의 큰 다행이지만, 선생께서 글로 이 승경을 돋보이게 한 것은 아직 없으니, 또한 이 백담 하나의 불행이 아니겠는가? 나는 이에 삼가 선생께서 병진년에 보고 지으신 작품을 기록하여 백담정사의 일을 일으키는 시작으로 삼는다. 또 평소의 서찰 및 여러 제현諸賢들이 산인山人들과 창수한 시권詩卷을 가져다 백담정사와 관련 있는 것을 모아 한 질을 만들었으니, 백담의 다른 날의 사적에 대비하고자 한다. 이것 또한 참람하고 망령된 것으로 삼가 명명한 이름 아래 각각 오언 한 구절을 지어 그 유사의 뒤에 붙였는데, 감히 시라고 할 것은 못 되지만, 대개 영원히 사모하고 끝없이 애통함에서 나온 것을 높은 산의 경치를 아우르는 회포에 붙인 것이다.

아, 인자함과 현명함이 넘쳐 산천초목도 그 은택을 입게 된 것이다. 이 백담의 산들은 모두 선생께서 시를 읊조린 후부터 그 경관은 더욱 윤이 나게 되었고, 숲은 더욱 울창하고 무성해진 것이다. 근래 밭을 태우는 연기가 산허리를 휘감고, 나무 베는 소리가 골짜기마다 울려 퍼져서, 장차 민둥산이 된 이후에야 끝날 것이니, 우리 당黨에 있어서 그의 덕을 사모하고, 그가 가꾼 나무를 아끼는 것이 어찌 소백의 감당나무보다 못하겠는가? 지금까지 계속되니, 그것을 금하고 보호하며, 그 심는 것을 장려하여 뜻을 같이하는 동지들에게 알려 더욱 힘쓰고자 한다.

-『晦谷先生文集』권1, 五言詩,「栢潭精舍雜詠」

회곡은 백담 구봉령 선생을 그리워하며 백담정사를 방문하였다. 백담이 세상을 떠난 지 5년이나 되었지만, 백담의 눈길이 갔던 대·암과 봉우리들이 백담의 역사를 담지 못하고 있었다. 백담의 시선이 사실로 정리되어 남아 있지 않았기 때문이다. 백담의 승려도 백담 선생이 백담정사를 기록할 뜻이 있었지만 이루지 못하였다는 말을 전한다. 자연은 인간을 만나 이름을 갖게 된다. 선생의 글을 모아 백담정사를 흥기시키고자 하는 것이 회곡의 생각이었던 것이다. 백담정사를 통해 선생은 물론, 퇴계학파 인물들의 교유와 위기지학爲己之學의 정신을 수양할 장소로 삼고자 했던 것이다. 천리가 유행하는 장소로 백담을 생각했던 것이다.

회곡은 백담의 인자함과 현명함이 넘쳐 흘러 백담이 있는 산천초목도 그 은택을 입게 되었다고 칭송한다. 명승지는 사람을 얻어야 이름이 있게 되기 때문이다. 그런데 요즘 사람들이 인근의 논밭을 태우고 나무를 베어 민둥산이 될까 걱정이 되었다. 이를 위해 백담의 작품을 기준으로 여러 현인들이 산인들과 창수한 시권을 가져다가 백담정사와 관련된 것을 취사선택하여 한 질로 만든 것이다. 회곡이 백담과 백담이 있는 산수를 위해 이렇게「백담정사잡영」을 지은 것은 그의 덕을 사모하는 한편, 그가 아낀 자연을 소중히 여겼기 때문이다.

퇴계 이황은 동강東岡 남언경南彦經(1528–1594)에게 '위아지학爲我之學'을 한다고 비판을 받은 적이 있다. 문정왕후文定王后(1501–1565)가 죽고 이어 명종明宗(1534–1567)마저 죽으면서 선조宣祖(1552–1608)가 등극하게 되었는데, 퇴계가 병을 핑계로 예조 판서禮曹判書를 사양하고 고향으로 돌아갈 것만을 생각하고 있다는 것이 그 이유였다. 율곡栗谷 이이李珥(1536–1584) 또한 대임大任을 맡은 이가 '위인爲人'을 해야지 '위기爲己'가 웬 말이냐며 비판하였다. 당연히 퇴계는 이러한 동강의 '위아지학'과 율곡의 '위기지학'을 했다는 평가를 받아들이지 않았다.

그런데 율곡이 표현한 위인지학과 위기지학은 조선 지식인들의 일반적인 생각과는 결을 달리한다. 율곡은 국가와 사회를 위한 활동으로 위인지학을 생각하였고, 자신만을 위한 활동을 위기지학이라고 생각한 것인 듯하다. 율곡은 아마도 동강과 유사한 생각으로 말한 것 같은데, 유학자들에게 일반적으로 위인지학은 남에게 보이기 위한 학문을 말하고, 위기지학은 자연과 인간의 본성이 천리로써 동일하다는 것을 체득하는 것을 말한다.

공자는 "옛날의 학자들은 위기爲己를 하였지만, 지금의 학자들은 위인爲人을 한다.[『論語』「憲問」: 子曰, 古之學者, 爲己, 今之學者, 爲人.]"라고 하였다. 퇴계도 이에 대한 자신의 생각을 말한 바 있다.

> 선생이 말했다. "군자의 학문은 위기爲己일 뿐이다. '위기'라는 것은 바로 장경부張敬夫가 '의도한 것이 없는데도 그렇게 되는 것[無所爲而然也]'을 말한다. 예컨대, 깊고 무성한 산림에 난초 하나가 있는데, 종일토록 향기를 내

뿜는데도 자신은 그것이 향기인 줄도 모르니, 이것이 '군자위기君子爲己'의 의리에 딱 들어맞는다. 깊이 체득해야 한다."

– 『간재집』 권5, 「계산기선록溪山記善錄」

퇴계는 군자의 학문을 '위기지학爲己之學'으로 정의한다. 남헌南軒 장식張栻(1133–1180)이 '의도한 것이 없는데도 그렇게 되는 것'은 마치 깊고 무성한 산림에 난초 하나가 종일토록 향기를 내뿜는데도 자신은 그것이 향기인 줄도 모르는 것을 '군자위기君子爲己'라고 한 뜻에 딱 들어맞는다고 퇴계는 생각한 것이다. 퇴계에게 위기爲己의 내용은 도리道理를 마음으로 터득하고 덕행德行을 몸소 실행하는 것이다. 반면 위인爲人의 내용은 마음으로 터득하고 몸소 실행하는 데에 힘쓰는 것이 아니라, 외면을 꾸미고 외물에 순응하여 명예를 추구하는 것일 뿐이다.

이러한 퇴계의 위기지학에 대한 비유는 연평延平 이통李侗(1093–1163)과 연계된다고 할 수 있다. 먼저 도통道統의 수수授受 관계를 확인할 필요가 있다. 퇴계에게 연평은 위로는 이정二程(정호程顥와 정이程頤)을 계승하는 한편, 아래로는 회암의 통서를 열어 주었기 때문에 매우 큰 공로가 있는 인물이었다. 회암이 비록 연평을 만나기 전에 불교와 도교에 출입하였지만, 연평을 만난 뒤에 학문이 비로소 평실平實해졌고, 마침내 공자 이래로 천년 동안 이어졌던 도통을 전수받을 수 있었다는 것이다. 그다음, 퇴계는 도통을 주고받은 심법心法이 모두 『연평답문』에 갖추어져 있다고 상찬賞讚한다.

또 『연평답문』에서 공력을 써야 할 절실한 곳은 초월적이거나 비범한 때가 아니라, 평소 일을 하거나 가만히 쉬는 등의 생활 세계를 평범하게 살아갈 때라고 했다. 이때 중요한 것은 바로 정좌靜坐하여 구중求中하는 것이다. 이러한 공부를 하기 때문에 선학禪學에 빠지지 않을 수가 있게 되고 대본大本과 달도達道가 모두 관통될 수 있었던 것이라고 하였다. 대본과 달도는 각각 중中과 화和를 가리킨다. 구달求達이 아니라 '구중求中'이라고 표현한 것은 중中과 대본大本을 중시하였기 때문이다. 『논어』 「학이」 편의 '본립이도생本立而道生'을 상기할 필요가 있다.

'근본이 서면 도리가 생겨난다'는 말은 주체가 홀로 설 수 있어야 대상을 도와 일으킬 수 있다는 것과 같은 말이다. 그런 의미에서 '중을 구한다'는 '구중求中'은 대본으로서의 주체를 구한다는 의미를 지니게 된다. 그런데 그 '중'은 이중적 의미를 지니고 있다. 대본이 세워지면 달도가 되는데, '구달'이 아니라 '구중'이라고 표현한 이유가 여기에 있다. 대본으로서의 중中은 미발시未發時의 중中이지만, 이발시已發時의 시중時中도 함의하고 있다. 그런 점에서 '구중求中'이라고 말한 것이다. 정처靜處(고요한 상태, 고요한 곳) 공부가 대본이 되고 동처動處(움직이는 상태, 움직이는 곳)에서도 그것이 발휘되어야 한다는 것이다.

퇴계는 연평을 안연에 비견하고 『연평답문』을 후학들에게 은혜를 베푼 책이라고 평가하였다. 그리고 연평의 기상을 '빙호추월氷壺秋月'이라고 하면서 서림감개西林感慨의 시詩를 짓지 않을 수 없다고 극찬한다. '서림'은 회암이 연평에게 수학하면서 머물렀던 서림원西林院이라는 절이다. 회암이 오랜 시간이 지난 뒤 이곳을 다시 찾아 그때의 감회를 읊은 시가 있다. "옛 절에 다시 오니 감개가 깊은데, 작은 집은 옛날에 지내던 그대로이네. 지난날 묘처妙處라고 여겼던 것이 지금은 한으로 남아 있으니, 만고의 하늘에 한 조각 마음이로다.[古寺重來感慨深, 小軒仍是舊窺臨, 向來妙處今遺恨, 萬古長空一片心.]" 서림원은 승려 유가惟可가 있던 곳인데, 회암은 이곳 달관헌達觀軒에 머물렀고, 「서림원 유가 스님의 달관헌에 제하다[題西林可師達觀軒]」 등의 시를 지었다고 한다.

연평의 공부법은 기본적으로 정처靜處에서 천리天理를 체인體認하는 것이다. 정처는 고요한 상태를 말하고, 천리는 성리학에서 말하는 자연 세계의 원리를 말한다. 자연 세계의 원리는 인간이 태어날 때 본성으로 내재하게 된다. 천리와 본성이 같다는 것이니, 바로 성즉리性卽理 명제를 말한다. 인간의 본성으로 내재해 있는 천리를 심신으로 인식하는 것이 바로 천리를 체인한다는 것이다. 요컨대, 정처에서 천리를 체인하는 것이란 고요한 상태에서 자신이 지니고 있는 마음의 본성과 자연의 천리가 하나라는 것을 심신으로 인식하는 것을 뜻한다고 하겠다.

그런데 이러한 정처靜處 공부는 노불老佛의 그것과 유사한 측면이 있다. 퇴계는 연평이 정처 공부를 근본으로 삼지만, 정처 공부가 동처動處에서도 안착되어야 한다는 가르침을 회암에게 전했다고 한다. 직접적으로 표현하지 않았지만 연평의 정처 공부를 경 공부로 해석한 것이다. 이정二程으로부터 연평을 거쳐 다시 회암에 이르기까지 주고받은 심법이 바로 경敬이라는 것이다. 그리고 이것이 바로 '미발시未發時 함양공부涵養工夫'가 된다.

구체적으로 말하면, 정처에서 미발시에 천리를 체인하는 공부가 동처에서, 즉 시끄러운 곳에서 안착시키지 못하면, 제대로 된 공부를 할 수 없다고 생각한 것이다. 노장老莊은 행사行事를 싫어하여 좌망坐忘을 추구하고, 불교는 행동을 싫어하여 선정禪定을 구하는 정좌靜坐를 탐닉하는 잘못을 저지른다고 생각한 것이다.

요컨대, 퇴계는 『연평답문』을 통해 정좌구중靜坐求中과 미발함양未發涵養이 선학禪學에 빠지지 않게 하는 공부 방법이라는 점을 알 수 있게 되었다고 해석하고, 이정二程에게서 회암晦菴에게 전수된 도통道統과 심법心法을 연계해 준 인물이 연평延平이었다는 점을 밝히면서, 그 의의를 밝힌 저술이 바로 『연평답문』이라고 평가한 것이다. 그러므로 퇴계학의 지평을 생각할 때는 역시 『연평답문』과 관련된 논의를 함께 살펴볼 필요가 있게 된다.(이봉규, 「『延平答問』 논의를 통해 본 退溪學의 지평—동아시아 유학사의 맥락과 연관하여」, 『東方學志』 144, 연세대학교 국학연구원, 2008.)

회곡 선생도 이러한 연평 이통에게서 회암 주희로 연계되고, 다시 회암 주희에게서 퇴계 이황으로 계승되며, 또 퇴계 이황에게서 백담 구봉령으로 전승되는 미발체인未發體認의 공부법을 이어받은 것이다. 그리고 그것은 자연 속에서 천리가 유행하는 것을 느끼는 구중求中의 방법을 통해서 가능한 것이다. 자연과 인간이 합일되는 경지가 바로 그것이다. 그리고 그 요점은 역시 경 공부라고 할 수 있다.

제3장

회곡종가의 인물과 유훈

회곡종가의 인물과 유훈

1 효우와 문행의 장곡 권태일

권태일權泰一(1569-1631)의 본관은 안동, 자는 수지守之, 호는 장곡藏谷 또는 노천蘆川이다. 생부는 내시 교관을 지내고 이조 판서에 추증된 권춘계權春桂이며, 생모는 경주손씨로 참의 손봉孫芃의 딸이다. 권태일은 백부 권춘란의 후사로 들어가 대를 잇게 되면서[繼後], 고려조 이래 명문가의 후손이었던 인암忍庵 박승간朴承侃(1508-1588)의 외손이 된다. 21세 때 학봉鶴峯 김성일金誠一(1538-1593)의 딸과 혼인하여 그의 사위가 되었다. 아버지와 외종조부, 그리고 장인이 모두 퇴계 선생 문하의 고제高弟였으니, 퇴계학파에 연원을 두게 된 것이다.

장곡은 1569년 안동 가구리에서 태어나 백담 구봉령에게 수학하였고, 이어 유일재惟一齋 김언기金彦璣(1520-1588)에게 배웠다. 창석蒼石 이준李埈(1560-1635)이 지은 백담의 행장에서 "퇴계의 문인으로 서애 류성룡·백담 구봉령·학봉 김성일을 으뜸으로 친다.[『栢潭集』, 附錄, 「有明朝鮮國嘉善大夫·吏曹參判·兼藝文館提學·同知經筵成均館事·五衛都摠府副摠管·栢潭具先生行狀」: 世稱"退溪之門人, 以西厓·栢潭·鶴峯爲首"云.]"라고 하였다. 『유일재실기惟一齋實紀』의 「문인록」에는 비지賁趾 남치리南致利(1542-1580)·지헌芝軒 정사성鄭士誠(1545-1607)·옥산야옹玉山野翁 권위權暐(1552-1630)·장곡 권태일 등이 기록되어 있다. 유일재는 퇴계 선생 사후 여강서원廬江書院을 세우고 백련사白蓮寺를 철거하여 유학을 숭상하고 불교를 배척하는 데에 노력하였다.

장곡은 유일재의 문하에서 동문들의 교유 관계를 주도적으로 해 나갔다. 「동문회전 통유문同門會奠通論文」과 「동문회화 통유문同門會話通論文」 등을 통해 이를 확인할 수 있다. 동문 가운데 무의공武毅公 박의장朴毅長(1555-1615)과 오봉梧峯 신지제申之悌(1562-1624)는 특별하다고 할 수 있다. "이어 유일재 김언기 선생에게 종학從學하였는데, 문도들이 번갈아 서재에 불을 넣었다. 공이 오봉 신지제, 무의공 박의장과 함께 땔감을 준비할 차례가 되었을 때, 잘못하여 나무꾼이 낭떠러지로 떨어져 죽고 말았다. 밀어뜨린 자가 죄를 받아야 하는데, 공은 두 공과 함께 서로 죽음을 다투었다. 부사 이양원이 그들을 보고 '이들 모두는 다른 날 크게 쓰일 영재들이니, 너희들의 부모를 위해 목숨으로 갚을 수는 없다.'라고 하면서 모두 석방하였다.[『藏谷集』「藏谷先生行狀【李漢膺】」: 己又從惟一齋金先生學, 門徒遮爨書齋, 公與申梧峯·朴武毅二公, 當次樵薪同伴. 誤推樵者, 墜崖死推者當坐, 公與二公爭死, 知府李相國陽元, 謂氓之子曰: '此俱異日大用之才, 不可爲爾父償命', 倂釋之.]

장곡은 1599년 31세의 나이로 문과에 급제하여 승문원 부정자가 되면서 벼슬길을 시작하였다. 1601년 예문관 봉교에 이임되고, 1602년 사서에서 정언으로 이임되었다. 얼마 지나지 않아 이조 좌랑이 되었는데, 지제교의 직함을 겸하였다. 병으로 사직하였지만 홍문관 수찬에 제수되었고, 이조 정랑으로 승진하였다. 당시에 권세를 휘두르는 간신[權姦]이 국정을 농단하였고, 해조該曹의 낭관들이 그들의 비위를 맞추며 승진을 꾀하였으나, 장곡만은 홀로 정대함을 지켰다. 장곡은 퇴근하면 종일토록 문을 닫고 글을 읽었고, 일체 권간을 쫓아다니는 일이 없었으니, 동배들이 장곡을 공경하여 '단정한 선비[端士]'라고 하였다.

1603년 이조 낭관으로 부모님을 봉양하기 위해 상소를 올려 외직으로 나가 영덕 현령이 되었는데, 2년 임기 동안 아전들의 가렴주구가 그치고 백성들의 생활이 안정되었다. 1609년 내직으로 들어와 홍문관 교리가 되고 또 응교에 제수되었다가 성균관 사성으로 이임되었으나, 병 때문에 사임하고 향리로 돌아왔다. 선조宣祖가 돌아가시자 국장도감 도청랑이 되었으며, 능묘의 산역이 끝난 뒤에는 통정대부로 승진하였다.

1615년 내직으로 들어와 우부승지가 되고, 또 호조 참의에 이

임되었다가 또다시 외직을 요청해 죽주竹州 부사가 되었는데, 임금이 허락하기도 전에 영해寧海 부사로 바뀌었다. 이는 부모님을 봉양하기에 편리함을 도모하기 위한 것이었다. 영해는 바닷가 고을이라 풍속이 강퍅하여 다스리기 어려운 고을이었는데, 장곡이 정사를 화기와 엄격을 겸해 시행하여 도리어 칭송이 있었다.

1617년 박씨 부인과 회곡이 잇달아 세상을 떠났다. 그러자 장곡은 시신을 거두어 장사 치르는 동안 몸이 상하도록 슬퍼하며 정성과 예법을 극진히 하였다. 이듬해 또 판서공의 상을 당하자, 장곡은 너무 슬퍼한 나머지 생명을 잃을 뻔하였다. 상기를 마치고 규례에 따라 중추부에 제수되었는데, 장곡은 시대가 크게 변한 것을 보고 벼슬길에 나갈 뜻이 없었다.

1623년 인조가 즉위하면서 장곡은 우부승지에 제수되었다. 그러나 어머니를 봉양할 수 있게 해 주기를 간청하여 전주 부윤이 되었는데, 고을을 다스리는 것이 경주에서 했던 것과 다르지 않아 벼슬아치들과 백성들이 더욱 편안하게 여겼다. 절기마다 어머니를 모시고 경수연慶壽宴을 베풀었는데, 목사와 수령 이하 모든 사람들이 와서 감축하였다.

노천蘆川에 경치가 좋은 산수가 있었는데, 임기가 만료되어 향리로 돌아와서는 그 곁에 따로 정사精舍를 지었다. 본당을 함옥당涵玉堂이라고 하고 별채를 각비헌覺非軒이라고 하였다. 또 귀래정歸來亭과 오송암五松庵을 지어 그 가운데를 거닐었는데, 나무꾼 모자에 농사꾼 옷차림으로 명예와 이익을 벗어난 사람처럼 보였다.

장곡 권태일의 행력行歷은 경암敬菴 이한응李漢膺(1778-1864)이 지은 행장을 통해서 자세하게 확인할 수 있다.

1) 회곡의 후사 권태일

선생의 휘는 태일泰一, 자는 수지守之, 성은 권씨權氏이다. 안동권씨는 고려의 태사太師 권행權幸을 시조로 하는데, 이름나고 큰 인물들이 대대로 이어져 국가의 큰 가문이 되었다. 증조부의 휘는 모模로 군기시 주부軍器寺主簿를 지냈고 통례원 좌통례通禮院左通禮로 추증되었다. 조부의 휘는 석충錫忠으로 승정원 좌승지承政院左承旨로 추증되었다. 아버지 회곡晦谷 선생의 휘는 춘란春蘭으로 사헌부 집의司憲府執義를 지냈고, 어머니 금성박씨錦城朴氏는 저작랑著作郎 승간承侃의 따님이다. 생부生父의 휘는 춘계春桂인데, 회곡 선생의 동생으로 내시 교관內侍敎官을 지냈고 이조 판서吏曹判書로 추증되었다. 생모生母는 경주손씨慶州孫氏로 참의參議 봉강의 따님이다. 임신했을 때, 황룡黃龍이 나타나는 상서로운 꿈을 꾸고서 공을 낳았으니, 곧 융경隆慶 기사년己巳年(1569, 선조 2) 7월 29일이었다. 회곡 선생에게 아들이 없어 승지 공承旨公의 명으로 데려다 길렀다.

말을 배우는 것이 조금 늦었지만, 말을 하면 사람을 놀라게 하였으니, 사람들이 이미 비범한 아이라는 것을 알았다. 동자童子가 되어서 백담栢潭 구봉령具鳳齡 선생의 문하에 나아가 배웠는데, 회곡 선생이 이미 그의 문인이었기 때문에 백담이 가학家學을 계승하려는 뜻을 가상히 여겨서 더욱 권장勸奬하였다. 또 유일재惟一齋 김언기金彦璣 선생에게 종학從學하였는데, 문도들이 번갈아 서재에 불을 넣었다. 공은 오봉梧峯 신지제申之悌(1562-1624)와 무의武毅 박의장朴毅長(1555-1615) 등과 함께 땔나무를 할 차례가 되어 함께 갔다가 잘못 나무꾼을 밀어 벼랑에서 떨어져 죽게 하였는데, 밀어뜨린 자는 마땅히 처벌을 받아야 했다. 공은 두 공과 함께 서로 죽기를 다투었다. 부사府使 이양원李陽元(1526-1592)이 죽은 백성의 아들에게 말하기를 "이들은 모두 후일 크게 쓰일 재목이다. 그러므로 너의 아비를 위해 목숨으로는 보상할 수 없다."라고 말하고 모두 풀어 주었다. 이때부터 문장과 학문에 명성이 났는데, 24세에 사마시에 합격하였다. 학봉鶴峯 김성일金誠一(1538-1593) 선생이 큰 그릇으로 보고 자신의 딸을 시집보냈다. 당시 고을 안에 때마침 중국 사람과 글로 서로 소통해야 할 일이 있어 문사文士 3인에게 맡겼는데, 글이 다 이루어졌을 때, 서애西厓 류성룡柳成龍(1542-1607) 선생이 공이 지은 것을 으뜸으로 치면서 높이 칭찬하였다. 그런데 이는 문사文辭뿐만 아니라, 의리義理에도 순수하고 착실했기 때문이다. 공이 비록 아버지의 명으로 뜻을 굽혀 과거공부를 했지만, 그 뜻은 늘 상달처上達處에 있었다.

-『藏谷先生文集』 권3, 附錄○行狀, 「藏谷先生行狀【李漢膺】」

권태일의 자는 수지守之, 호는 장곡藏谷으로 회곡의 아들이다. 생부는 회곡의 동생 춘계이고, 생모는 경주손씨이다. 회곡에게 아들이 없자 할아버지의 명으로 장곡을 입후하여 안동권씨의 제사를 받들게 하였다. 경주손씨가 임신했을 때, 황룡이 나타나는 상서로운 꿈을 꾸고 1569년 7월 29일에 태어났다. 말을 배우는 것이 늦었지만, 말을 하면 사람을 놀라게 하였으니, 그 비범함을 알 수 있다.

어려서부터 회곡이 배운 백담 구봉령 문하에 나아가 배웠는데, 백담은 가학을 계승하려는 뜻을 가상히 여겨 그를 더욱 장려하였다. 또 유일재 김언기에게 나아가 공부하기도 하였다. 유일재에게 배울 때, 오봉 신지제·무의 박의장 등과 함께 서재에 불을 땠는데, 나무할 차례가 되어 그들과 함께 산에 갔다가 잘못하여 나무꾼이 벼랑에서 떨어져 죽는 일이 발생하였다. 그런데 장곡은 그 책임이 자기에게 있다고 대신 처벌을 받으려고 하였다. 부사 이양원이 그들을 가상히 여겨 모두 풀어 주었다.

24세에 사마시에 합격하였는데, 학봉 김성일이 장곡을 큰 인물로 생각하여 자신의 딸을 시집보냈다. 또 당시 중국인과 소통할 일이 있어 선비 3인에게 이 일을 맡겼는데, 서애 류성룡이 장곡을 으뜸으로 치면서 높이 평가하였다. 장곡이 글을 짓는 것뿐만 아니라, 의리에도 밝았기 때문이다. 장곡은 회곡의 뜻을 받들어 과거 시험을 위한 공부를 하기는 했지만, 늘 뜻은 천리를 살피는 데에 있었다.

2) 출사의 이력과 반포의 정리

기해년(1599, 선조 32)에 대과에 급제하여 승문원 부정자承文院副正字에 보임되었다가 사관史館으로 천거되어 들어가 검열檢閱을 거쳐 대교待教로 승진하였다. 시강원 설서侍講院說書로 옮겨졌다가 또 승정원 주서承政院注書로 옮겼다가, 다시 설서로 복귀하여 왕세자가 학문을 강론하는 자리인 주연冑筵의 좌우에서 보양補養한 것이 많았기 때문에 특별히 포상의 은전이 있었다.

신축년(1601)에 예문관 봉교藝文館奉教로 옮겨지고, 임인년(1602)에 사서司書에서 정언正言으로 옮겨졌다. 조금 있다가 이조 좌랑吏曹佐郎이 되었는데, 지제교知製教 직함을 겸하였다. 병 때문에 사임했으나, 홍문관 수찬弘文館修撰에 제수되었고 이조 정랑吏曹正郎으로 승진하였다. 당시 권간權姦이 농단하였는데, 해조該曹의 낭관들이 그의 비위를 맞추어 승진하려는 계책을 세웠으나, 공만 홀로 바름을 지켰다. 해조에서 퇴근하면 종일토록 문을 닫고 독서하였으며, 일체 뒤쫓아 다니는 일이 없었으니, 동배同輩들이 엄숙히 공경하면서 '단아한 선비'[端士]라고 칭하였다.

계묘년(1603)에 이조 낭관吏曹郎官이었는데 상소하여 부모님을 봉양하기를 청하여 외직으로 나가 영덕 현령盈德縣令이 되었다. 2년의 임기 동안 아전들의 가렴주구가 그치고 백성들의 생활이 안정되었다. 다스림이 크게 행해져 도망가서 떠돌던 사람들이 모두 돌아왔고, 여러 해 동안 농사가 잘되어 옷감[表裏]을 하사받았다.

을사년(1605)에 내직으로 들어와 홍문관 교리弘文館校理가 되고 또 응교應教에 제수되었다가 성균관 사성成均館司成이 되었으나, 병 때문에 사임하고 향리로 돌아왔다. 또 북군北軍에게 배로 군량을 실어 공급하라는 명이 있어 어사가 되어 전라도·경상도·강원도를 왕래하면서 일을 처리하였는데, 공사公私가 모두 편안하게 생각하였다. 사헌부 집의司憲府執義와 홍문관 응교弘文館應教에 제수된 것이 모두 2차례씩이었다.

선조宣祖 임금이 돌아가시자 국장도감國葬都監 도청랑都廳郎이 되었으며, 능묘陵墓의 산역山役이 끝난 뒤에는 통정대부通政大夫로 승진하였다. 외직을 구해 풍기 군수豐基郡守가 되었는데, 이때 오랜 가뭄이 있어 기우제를 지내자 곧바로 비가 쏟아졌다. 안찰사에게 혐의를 사서 해직되어 돌아왔는데, 짐보따리가 텅 비어 있어 어떤 것도 딸려 온 것이 없었다.

경술년(1610) 8월에 동부승지同副承旨에 제수되었다가 우부승지右副承旨로 승진하였는데, 상소를 올려 부모님을 봉양하는 은전을 베풀 것을 간절하게 아뢰니, 임금께서 그 상소를 해조에 내렸는데, 시행되기도 전에 귀성歸省을 요청하였다. 귀성할 때에 말을 지급하라는 특명을 내려 공은 군직軍職으로 역마를 타고 가게 되었다. 이것은 옛날에는 그 사례가 없던 것이기에, 사양하려고 해도 받아들여지지 않았으니, 특별한 예우였다. 이때 경주 부윤이 궐석이었는데, 임금께서 "경주는 큰 고을이니, 반드시 문무文武를 겸비한 인재를 찾아 백성을 안정시키고 위엄을 보여야 한다."라고 하였다. 이에 이조吏曹에서 공을 천거하니, 임금께서 윤허하였다. 공은 성은聖恩에 감격하여 더욱 충성과 성의로 힘썼다. 공이 임지에 오던 초기에 기로耆老와 장덕丈德을 모신 자리에서 교화를 베풀겠다는 뜻을 알리고, 어루만져 보호하는 혜택을 시행하니, 온 경내가 모두 감격하고 기뻐하였는데, 도적은 마음을 바꾸고 이서吏胥들은 법을 두려워할 줄 알게 되었다. 또 학교 교육에 더욱 의지를 가하여 때에 맞게 강학과 과제를 진행하고 진작시키는 데에는 방법이 있었으니, 백성들의 노래와 사대부의 노래 모두 칭송할 만한 아름다움이 있었다. 안찰사按察使 윤방尹昉(1563-1640)과 주영구朱英耉(1556-1620)가 서로 잇달아 장계를 올려 아뢰니, 임금께서 옷감을 하사하고 아름답게 장려하였다.

을묘년(1615)에 내직으로 들어와 우부승지가 되고 또 호조 참의로 옮겼다가 다시 외직을 요청해 죽산 부사竹山府使가 되었는데, 임금이 허락하기도 전에 영해 부사寧海府使로 바뀌었으니, 이는 조금이라도 부모님을 봉양하는 데 편하도록 조처해 주신 것이었다. 영해는 바닷가라 풍속이 강팍하였는데, 다스리기 어려운 곳이라고 불렸으나, 화엄和嚴으로 정사를 펼쳤기에 칭송이 많게 되었다.

정사년(1617)에 박씨 부인과 회곡 선생께서 연이어 돌아가셨다. 공은 시신을 거두고 장사를 치르는 동안 몸이 상하도록 애통해하였고, 정성과 예법을 극진하게 하였다. 이듬해 또 판서공判書公의 상을 당하자 지나치게 슬퍼한 나머지 거의 생명을 잃을 뻔하였다. 상례를 마치고 규례에 따라 중추부에 제수되었다. 그러나 공은 당시 상황이 크게 변한 것을 보고는 벼슬에 나갈 뜻이 없었다.

권간權姦이 흉모凶謀를 꾸미려고 하면서 사론士論이 자신들과 다른 자들을 모두 물리치고 입을 막으려고 하였는데, 정엽鄭曄(1563-1625)과 이수광李睟光(1563-1629) 및 공처럼 조정에서 물러나 있었던 사람들을 막무가내로 조정에 들게 하였으므로, 사람들이 두려워 떨면서 경계하였으나, 공만은 조금도 동요되지 않았다. 공은 상소를 올려 어머니 병을 들어 사양하였고,

이어 군자를 가까이하고 소인을 멀리할 것, 등용의 여부를 살펴서 할 것, 상벌을 신중히 할 것 등 여덟 조목을 진달하였다. 그러자 간당奸黨이 질시하여 공격하려고 하였지만, 끝내 해를 가하지 못하였다.

-『藏谷先生文集』권3, 附錄○行狀,「藏谷先生行狀【李漢膺】」

장곡은 1599년 대과에 급제하여 본격적인 벼슬길을 가게 된다. 승문원 정자·시강원 설서·승정원 주서 등 주요 직책을 지냈는데, 특히 왕세자 교육에 힘을 써서 특별한 포상을 받기도 하였다. 1601년 예문관 봉교, 1602년 사서와 정언 등을 역임하였고, 다시 이조 좌랑 겸 지제교를 겸하였는데, 병으로 사임하였다. 다시 홍문관 수찬과 이조 정랑으로 승진하였다. 간사한 관리들이 국정을 농단하여 다른 사람들은 그들의 비위를 맞춰 승진하려고 하였지만, 장곡만은 홀로 원칙을 지켰고, 퇴근하면 문을 닫고 종일토록 독서하니, 동년배들이 '단아한 선비'라고 칭찬하였다.

1603년 이조 낭관이었을 때는 부모의 봉양을 위해 외직을 청해 영덕의 현령이 되었다. 부모를 봉양하는 한편, 2년 동안 아전들의 가렴주구를 그치게 하고 백성들이 편안하게 살 수 있도록 노력하였다. 그동안 포악한 정치에 시달리다 영덕을 떠나 유리걸식하던 백성들이 모두 돌아오기도 하였다. 1605년 홍문관 교리·성균관 사성·사헌부 집의·홍문관 응교 등에 제수되었다. 선조 임금이 돌아가셨을 때는 국장도감 도청랑이 되기도 하였다.

외직을 청해 풍기 군수가 되었을 때는 오랜 가뭄으로 기우제를 지내게 되었는데, 곧바로 비가 쏟아져 백성들의 농사 갈증을 풀어 줄 수 있게 되었다. 안찰사에게 혐의를 사서 해직되었는데, 짐보따리가 텅 비어 있어 아무것도 딸려 온 것이 없었다. 회곡이 그랬던 것처럼, 장곡 역시 공과 사를 철저히 구분하고 사적 이익을 전혀 취하지 않았던 것이다. 요컨대, 회곡이 전했던 청렴의 유지를 지키고 산 것이다.

1610년 8월 동부승지와 우부승지를 역임하였는데, 부모님 봉양을 위해서 사직할 것을 청했고, 임금은 고향으로 내려갈 때 말을 지급하라는 특명을 내려 역마를 타고 가기도 하였다. 장곡이 이를 사양했지만 받아들여지지 않았으니, 임금이 장곡을 특별하게 예우한 것이다. 때마침 경주 부윤 자리가 비어 있었는데, 임금께서 장곡에게 이 자리를 맡겼다. 부윤으로 경주를 다스리면서 어른들과 노인들을 잘 봉양하였고, 이러한 장곡의 교화로 인해 도적은 마음을 바꾸었고 서리들도 국법을 두려워할 줄 알게 되었다. 안찰사 윤방과 주영구가 장계를 올려 임금께서 하사한 옷감을 받기도 하였다.

1615년 우부승지·호조 참의를 역임하였는데, 또다시 부모를 봉양하기 위해 외직을 요청하였다. 죽산 부사가 되었다가 다시 영해 부사로 갔는데, 이는 임금께서 편안하게 부모를 봉양할 수 있도록 조처해 주신 것이다. 1617년 어머니와 아버지가 연이어 돌아가셨는데, 장곡은 장사를 치르는 동안 몸이 상할 정도로 애통해하였고, 인정과 예법을 다하여 진심과 정성으로 상례를 치렀다. 이듬해 생부의 상을 당했을 때는 너무 슬퍼한 나머지 거의 죽을 뻔하였다.

이때부터 당시 조정의 상황이 크게 변한 것을 보고는 벼슬길에 나갈 생각을 접었는데, 조정에서 불러도 생모의 병을 들어 사양하였고, 상소를 올려 군자를 가까이하고 소인을 멀리할 것, 선비의 등용을 잘 관찰하여 시행할 것, 상벌을 신중히 판단하여 지낼 것 등 8조목을 올리기도 하였다. 간사한 무리들이 질시하여 장곡을 공격하였지만, 끝내 해를 가하지 못하였다.

어머니 봉양을 구하는 상소[乞養疏]

신은 형편없이 무능하고 용렬한 인간으로 외람되게도 은총을 입고 발탁되었습니다. 높고 화려한 직책으로 임금의 측근에 출입할 수 있게 되어 그 영예가 저의 됨됨이보다 갑절이나 되었습니다. 이에 큰 은혜에 감격하는 한편 두려움이 절절하니, 신으로서야 마땅히 노둔한 재주를 다해 티끌만큼이나마 그 기대에 보답해야 합니다. 그러므로 몸을 잊고 나라를 위해 죽는 것 이외 무엇을 사사롭게 말할 수 있겠습니까? 다만 신에게는 절박하고 간절하게 구할 일이 있어 효치孝治 아래에 호소하지 않을 수가 없습니다. 바라는 것은 성상의 밝으심으로 저를 불쌍히 여겨 은혜를 내려 주시는 것입니다.

신에게는 82세의 연로한 어머니가 계시는데, 노쇠한 연령에 병이 날로달로 더해지고 있습니다. 기력이 건강하고 질환이 없다고 하더라도 그럴 터인데, 연세가 80이 넘고, 자식이 멀리 나가 봉양할 수 없는 처지에 이르면 어떻겠습니까? 게다가 신의 어머니의 병세는 몇 년 동안 통증의 기세가 계속 이어져 아침에는 살아났다가 저녁에는 고통스럽고, 낮에는 아프다가 밤에는 그치기를 반복하니, 하루이틀 사이에 상황이 천 가지 백 가지여서 신이 항상 그 옆을 떠나지 않고 어린아이를 보호하듯 하였습니다.

신이 올라온 뒤로 이미 10개월이 지나는 동안 살았는지 죽었는지 그 소식을 서로 알 수 없습니다. 신이 어머니를 그리워하는 마음을 견딜 수 없을 뿐만 아니라, 어머니에게 문려門閭에 기대어 기다리는 근심을 끼치기도 하니, 걱정이 극에 다르고 마음은 고단하여 질병이 쉽게 틈을 타고 생겨납니다. 신에게 이미 대를 이을 사내아이가 없고 또 형제도 드문 처지이니, 어머니에게 환우라도 있게 되면 누가 거들어 지키고 누가 약을 드시게 하겠습니까? 생각이 여기에 미치면 마음이 타들어 갑니다.

신의 집안 형편은 빈한하기가 가장 심하여 풍년이 든 해에도 굶주림을 면할 수 없는데, 흉년을 만나서는 콩 반쪽으로도 배를 채울 수가 없을 지경입니다. 어머니가 집에 홀로 계시는데, 지금 무엇을 잡수시는지도 모르겠습니다. 이러한 생각이 들 때면 먹은 것이 바로 막히고 맙니다. 아, 자식은 봉록을 받는 영광을 누리면서도 그 어미에게는 가난을 씹는 고통을 겪게 하니, 몸과 마음이 편치 않고, 얼굴을 펼 수가 없습니다.

아, 신이 임금을 사랑하는 촌스러운 정성이야 어버이를 사랑하는 마음과 같습니다. 밝은 빛을 가까이 모시는 것은 바로 신의 영광이고 행복이니, 나라의 문을 나가기를 구하는 것은 신의 본래 마음이 아닙니다. 그러나 노모가 쓰러지실 연세에 겨우 숨을 쉬고 있으니, 실 같은 목숨이 아침과 저녁을 보장할 수 없습니다. 임금의 은혜야 다시 갚을 날이 있겠지만, 어머니의 남은 날짜는 많이 얻기를 기대할 수 없습니다. 신이 만일 은혜와 영예에 연연하여 직위를 탐하면서 스스로 어머니의 보양을 구걸하지 않고 있다가, 서산에 해가 지는 것처럼, 바람 맞는 촛불처럼, 갑자기 꺼져 버린다면 신은 마침내 천지 사이에 큰 죄인이 될 것입니다. 당당한 성조聖朝에 여러 준걸들이 포진하고 있는데, 어떻게 불효한 한 인간 때문에 우리 인애롭고 신성하며 후손에게 선을 끼쳐 주는 효치에 누를 끼치게 한다는 말입니까?

전하께서 서용하고 버려 두는 떳떳한 기상을 살펴보면, 그 직분을 다하여 백성을 사랑하고, 공경하여 일용의 크고 작은 정무가 '효孝' 한 글자에 바탕을 두지 않음이 없으니, 이것이 진실로 맹자의 이른바 '성인의 지극한 인륜[聖人, 人倫之至也]'인 것입니다. 전하께서 지니신 하나의 혈구지심絜矩

之心이 아랫사람에게까지 적용되어 이 마음이 신에게 주어짐으로써, 신에게 노모가 돌아가시기 이전에 일개 현縣의 수령을 특별히 허락하시어 오포烏浦의 정리情理를 실천하게 해 주신다면, 신은 노모와 함께 서로 한곳에 의지할 수 있게 될 것입니다. 이로부터 노모의 생사는 모두 인애로 덮어 주고 하민을 긍휼히 여기는 하늘의 은혜가 될 것입니다. 은혜를 머금고 혜택을 입은 신으로서는 그 감격을 살과 뼈에 새겨, 비록 머리에서 발끝까지 모두 닳아 없어진다고 한들, 어찌 그 만에 하나라도 우러러 보답할 수 있겠습니까? 신의 몸이 골짜기의 구덩이를 메우기 이전에 마땅히 성상의 수명이 만세토록 무궁할 것을 축원해야 할 것입니다. 신은 황공하게도 기도하여 구하는 지극한 마음을 둘 곳이 없습니다.

– 『藏谷先生文集』 권1, 疏, 「乞養疏」

장곡은 자신이 무능한데도 임금의 은혜를 입어 조정에 설 수 있었다고 말한다. 그러므로 자신을 잊고 국가와 임금을 위해 노둔한 재주나마 다해서 티끌만큼이라도 보답해야 한다고 하였다. 그러나 82세의 연로한 어머니를 위해서 모든 직임을 버리고 고향으로 돌아가 봉양에 힘써야 하는 상황이 되었다고 임금에게 간절하게 고한다. 게다가 집안은 풍년이든 흉년이든 빈한하여 어머니를 봉양하기에 매우 어려운데, 자식으로서 봉록을 받아 사는 것도 몸과 마음을 편치 못하게 하는 이유가 된다.

맹자는 요임금과 순임금도 효도를 인륜의 극치라고 하였고, 『대학』에서는 '혈구지심'을 말하였으니, 효도를 행하는 것은 선비로서 당연히 해야 할 것임을 알 수 있다고 하였다. '혈구'는 모든 일을 판단하는 마음의 기준이다. 임금께서도 효도가 인륜의 극치

임을 알고 있고, 그렇다면 장곡의 마음도 알 수 있다는 것이 바로 그것이다. 그러므로 장곡은 어머니가 계시는 가까운 곳의 현령을 제수하여 오포의 정리를 실천할 수 있게 해 달라고 청하였다. '오포의 정리'는 까마귀 새끼가 장성하면 먹이를 물어다 제 어미에게 먹여 준다는 데에서 온 말로, 자식이 어버이의 은혜에 보답하는 데에 비유된다. 반포지효反哺之孝라고도 불린다.

3) 공무의 실천과 장곡의 죽음

계해년(1623)에 인조仁祖가 즉위하면서 우부승지에 제수되었지만, 어머니를 봉양할 수 있게 해 줄 것을 청하여 전주 부윤全州府尹이 되었는데, 그 다스림이 경주와 다름이 없었고, 더욱 완숙해져 벼슬아치들과 백성들이 모두 편안하게 여겼다. 짧은 여가에도 경서經書와 사서史書를 즐겼다. 아침부터 밤늦도록 하는 공부도 한가하게 지내는 때와 다를 것이 없었다. 집안사람들이 이를 걱정하면, "마음을 다스리는 것은 책만 한 것이 없다. 마음이 다스려지지 않는다면, 어떻게 백성을 다스릴 수 있겠는가? 내가 부지런히 공부하는 이유가 바로 이것이다."라고 답하였다. 절기마다 어머니를 판여板輿에 모시고 경수연慶壽宴을 베풀었는데, 목사와 수령 등 모든 사람들이 와서 축하하였다. 성대한 의관이나 인정의 감탄이 감영에서는 보기 드문 것이었지만, 공은 갑자기 은은한 얼굴빛으로 탄식하면서 "내가 나의 어머니를 위하는 것은 그런대로 괜찮겠지만, 만일 하고 싶어도 할 수 없는 이가 있다면 어찌 여기에 회한이 없겠는가?"라고 말하였다. 이에 또 그것을 오래도록 전하려고 그림을 그리고 시로 읊게 하였는데, 모두 이름난 화가와 문장가들이었으니, 어찌 더욱 영광스러운 것이 아니겠는가? 임금께서 숙마熟馬를 하사하여 그의 치적을 포상하였다. 또 관찰사의 장계에 따라 옷감을 하사하였다.

을축년(1625)에 손씨 부인이 병이 들자, 공은 새벽부터 밤늦도록 옷을 벗지 않고, 목욕재계하고 자신이 대신 죽을 것을 하늘에 기도하였으나, 병이 끝내 낫지 않았다. 염습殮襲을 하는 때에 숨이 끊어졌다가 다시 소생하기도 하였는데, 매장을 하고 제사를 지내는 등의 모든 일은 앞에서 행한 상례에 준하여 행하였다.

정묘년(1627)에 서쪽 오랑캐가 경기도까지 침범하자, 임금께서 강화도로 피난을 가셨는데, 공에게 상례 중이지만 조정에 나와 직무를 수행하는 기복起復을 청하였다. 공은 예를 지켜 기복하지 않았지만, 이미 또 병조 참의를 제수하였다. 조금 뒤에 외직으로 나가 충주 목사가 되었는데, 이보다 앞서 역적의 무리로 법망을 벗어나 수배된 자가 있었다. 공은 마음을 다해 지시하고 꾀를 내어 체포한 뒤에, 이를 자신의 공으로 돌리지 않으니, 조정에서는 이를 가상히 여겨 특별히 1품을 높여 주었다.

무진년(1628)에 전라도 관찰사로 제수하였는데, 공은 이전에 부윤으로 있었던 적이 있어 본도의 장점과 폐단을 모두 알고 있었다. 선악을 분별하고 포상하는 일, 진작시키고 억제하는 일이 모두 합당하여 기강이 크게 진작되고 문화가 크게 흥기되니, 천리千里 전역의 치적과 명성이 부합하였다. 임금께서도 숙마熟馬 1필을 하사하셨으나, 공은 부모를 모두 여읜 처지였기 때문에, 환로에 뜻이 없고 몸도 피곤하여 매번 별업別業을 생각하였다. 노천蘆川에 산수가 좋은 승경이 있었는데, 임기가 만료되어 향리로 돌아와서는 그 곁에 정사를 지었다. 본당을 '함옥涵玉'이라고 하고, 별채를 '각비覺非'라고 하였다. 또 귀래정歸來亭과 오송암五松庵을 지어 그 가운데에서 노닐었는데, 나무꾼 모자에 농사꾼 차림으로 의연하게 명리名利를 벗어난 사람 같았다.

이듬해 신미년(1631)에 대사간으로 부르자 사은숙배謝恩肅拜하고 곧바로 돌아왔다. 또 형조 참판이 되었다가, 중국의 도독都督 황룡黃龍의 접반사接伴使가 되어 가도椵島에 갔다. 가도는 철산鐵山 앞바다에 있어 소금기가 많은 유해한 습기가 많은 데다 바람과 조수가 위험하여 사람들은 모두 싫어해서 피했으나, 공은 명을 받고는 바로 갔다. 무더위를 무릅쓰고 해안에 도착할 무렵, 공교롭게도 오랑캐 병사들도 들이닥쳤는데, 명나라 병사들이 도리어 우리 측을 의심하였다. 공이 도독을 만나 의심을 풀어 주었다. 이로 인해 의기투합해 매번 공을 오랜 덕망이 있는 사람을 가리키는 숙덕宿德이라고 칭하였다. 도독이 잔치를 열어 공을 청했는데, 공은 본국의 기제忌祭가 있는 날이라고 말하면서 의리에 따라 따라가지 않으니, 도독이 마음으로 더욱 공경하면서 특별히 예우하였다. 7월 병이 나서, 형조의 직책을 해임시켜 주길 요청하였으나 허락받지 못하였다. 도독이 의원과 약품을 보내 치료해 주고, 또 가도 밖으로 나가 조섭調攝하기를 권고하였다. 공의 가마가 정주定州에 도착하였는데, 마침내 운명하였다. 23일이었고, 향년 63세였다.

병이 심해졌을 때 한 번 장계를 올렸는데, 직임을 사임시켜 달라는 청이었다. 집안의 노복이 집안의 일에 대해 물으니, 눈을 치뜨면서 대답하지 않았으며, 죽음에 임해서는 나랏일을 거듭 말했을 뿐 다시 말을 하지 않았다. 부음이 들리자, 임금께서 "적임이 아닌 곳에 놓아두었다가 공로가 많은 신하를 잃게 되었으니, 한탄한다고 한들 무엇하겠는가?"라고 하교하였다. 관을 옮길 역부役夫를 보내어 제사를 지내도록 명하여 애도의 뜻을 표현하였다. 이해 12월 안동부 북쪽 사니산師尼山 덕흥동德興洞에 있는 선인先人의 묘 아래 장사 지냈다. 공의 가산家産이 평소 넉넉하고 또 공이 역임한 고을은 모두 비옥했지만, 죽은 뒤 그의 장례 절차는 모두 남의 부의賻儀로 치러야만 했으니, 사람들이 더욱 그 청렴한 덕성에 감복하였다.

–『藏谷先生文集』 권3, 附錄○行狀, 「藏谷先生行狀【李漢膺】」

장곡은 1623년 인조가 즉위하면서 우부승지에 제수되었지만, 어머니 봉양을 위해 상소를 올려 전주 부윤에 제수되었다. 경주 부윤 때와 마찬가지로 고을을 다스렸기에 벼슬아치들과 백성들이 모두 편안하게 생각하였다. 여가 시간이 나면 경전과 역사서를 읽었다. 절기마다 어머니를 모시고 장수를 축하하는 잔치를 베풀었는데, 목사와 수령 등 많은 사람들이 와서 축하하였다. 이는 고을 백성들을 교화하는 측면이 있었기 때문에 임금도 길이 잘 든 말을 하사하여 그의 치적을 포상하였고, 관찰사의 장계를 보고 옷감도 하사하였다. 1625년 생모가 병이 들자 새벽부터 밤늦게까지 옷을 벗지 않고 목욕 재개하고 자신이 대신 죽을 것을 하늘에 기도하였으나, 병이 끝내 낫지 않고 생모가 돌아가시고 말았다.

1627년 오랑캐가 침범하자 임금이 강화도로 피난을 갔는데, 공에게 상중이지만 조정에 나와 직무를 수행하는 기복起復을 청하였다. 기복하지 않자 병조 참의에 제수하였고, 조금 뒤에 충주 목사가 되었다. 그때 수배된 자가 있었는데, 장곡이 꾀를 내어 체포하였지만, 자신에게 공을 돌리지 않았다. 조정에서는 이를 알고 1품을 높여 주었다.

1628년 전라도 관찰사에 제수되었다. 이때도 선악을 분별하여 포상하였는데, 전라도의 기강이 잡히고 교화가 잘 이루어지니, 임금이 하사한 잘 길들인 말 1필을 하사하였다. 임기가 만료되어 고향으로 돌아와 그 곁에 정사를 지었다. 본당을 '함옥涵玉', 별채를 '각비覺非'라고 편액하였으며, 또 귀래정歸來亭과 오송암五松庵을 지어 산수의 즐거움을 누리려고 하였다. 나무꾼 모자에 농사꾼 차림으로 다니니, 사람들이 명예와 이익을 벗어난 사람 같다고 하였다.

1631년 대사간으로 부르자 사은숙배하고 곧바로 돌아왔다. 이후 형조 참판이 되었는데, 중국의 도독 황룡의 접반사가 되어 가도로 갔다. 황룡은 모문룡毛文龍이 죽고 나서 그 후임으로 가도의 도독이 된 사람을 말한다. 가도는 평안북도 철산군 앞바다에 있는 섬인데, 조선시대에 말을 기르는 목장이 있었다. 후금이 일어나자 명나라의 모문룡이 이곳으로 쫓겨와 점거한 곳이다. 장곡이 해안에 도착할 무렵 오랑캐 병사들도 공교롭게 들이닥쳤다. 장곡을 오랑캐로 의심하였지만, 장곡이 도독을 만나 그 의심을 풀어 주었다. 도독이 잔치를 열어 장곡을 불렀지만, 그는 기제忌祭가 있는 날이라고 말하면서 가지 않으니, 도독이 더욱 공경하면서 특별히 예우하였다.

7월 발병하여 형조 참판의 직책을 해임시켜 줄 것을 요청하였지만 윤허받지 못하였다. 도독이 의원과 약품을 보내 치료해 주고, 또 가도 밖으로 나가 조섭하기를 권고하였다. 정주에 도착하였는데, 그곳에서 고종考終하였다. 7월 23일이었는데, 향년 63세였다. 임금은 그의 부음을 듣고 안타깝게 여겨 사람을 보내 제사를 지내고 애도의 뜻을 표현하게 하였다. 12월 안동부 사니산 부친의 무덤 아래 장사를 지냈다.

4) 장곡의 인품과 행장 의뢰

공은 아들이 없어 아우의 아들 세후世後를 후사後嗣로 삼았다. 딸은 넷인데, 장녀는 안경엄安景淹에게 시집가고, 차녀는 오익황吳益煌에게 시집가고, 그다음은 김요형金耀亨에게 시집가고, 그다음은 한필구韓必久에게 시집갔다. 세후는 아들 넷을 두었는데, 두첨斗瞻·두재斗齋·두산斗山·두칠斗七이고, 딸 다섯을 두었는데, 이원유李元裕·구석창具碩昌·김준金俊·김국주金國柱·이의식李宜植이 그 사위들이다. 안경엄의 아들은 헌櫶이고, 딸들은 박률朴慄과 금치겸琴致謙에게 시집갔다. 오익황의 아들은 덕기德基와 경기慶基이고, 김요형은 자식이 없다. 한필구는 아들이 여옥如玉이고 딸은 이채李埰에게 시집갔다. 두첨의 아들은 호鎬이고, 호의 아들은 익래益來·점래漸來·만래萬來이다.

공은 자품이 단정하고 장중하였으며, 효성과 우애는 순수하고 지극하였다. 온유하고 치밀한 공부와 돈후하고 분명한 지식을 갖고 있었는데, 하늘에서 얻은 것은 돈독하였으며, 가정을 통해 습관화되었고, 스승의 훈도를 받았으니, 연원이 분명하여 명성이 일찍 드러났다. 한 시대에 교유한 이들은 모두 학문과 의리로 이름 있는 집안 사람들로 영남에서 추앙받는 인물이었다. 어버이를 섬기는 정성은 영광스러운 출세를 우선으로 하지 않고, 일상생활에서 병이 들었을 때까지 부모의 뜻에 순종하여 따랐다. 앞뒤의 거상居喪에는 반드시 정성과 삼감으로 하였으니, 살아 계실 때 섬기는 일과 장례와 제사의 모든 의절에 정성을 다해 시종 조금도 유감이 없게 하였다. 근본이 정립되었으면, 이를 미루어 베풀었으니, 동기와 조카로부터 타인의 노복을 대우하는 데 이르기까지 그 마땅함을 얻었다. 청요직淸要職을 두루 거치기는 하였지만, 확고하게 스스로를 지켜 득실得失과 화복禍福이 그의 뜻을 흔들리게 하거나 빼앗지 못했다.

이이첨李爾瞻이 권력을 독점하였을 때, 그 추종자들이 문전성시門前成市를 이루었는데, 공을 데려다 문객門客으로 삼으려고 하였지만, 끝내 한 번도 돌아보지 않았다. 묘제廟制 및 복제服制를 논한 것은 고례古禮를 근거로 하여 시제時制를 헤아린 것인데, 논의가 공명정대하여 '전문예학全門禮學'이라는 장려를 입었다. 유일재 선생의 묘제墓祭를 회전會奠으로 지내기 위해 세운 법식은 존현尊賢을 받들어 보위保衛하는 의리를 얻은 것이었다. 공이 "선비가

귀하게 여기는 것은 뜻을 세우는 것이 가장 최선에 있는 것이다. 항상 생각을 바깥 사정에 따라 흔들리는 것 위에 있게 해야 괜찮다."라고 하였다. 날마다 행한 것은 반드시 장부에 적어 놓고 성찰의 자료로 삼았고, 벼슬하고 있을 때도 번거로움을 싫어하지 않고 자신의 직분을 다하였으며, 조심스럽게 법률을 받들어 행하였다. 항상 사문師門에서 배운 것을 몸소 체험해 보되, 스스로 즐길 만한 것은 절대로 가까이하지 않았다. 평소 독실하게 행한 것이 대개 이와 같았던 것이다.

하루는 가야佳野에 사는 김도명金道明이 유고遺藁와 부록 한 책을 받들어 본손本孫 권도화權道和의 편지를 가지고 나를 찾아와서는 "선생께서 역책易簀하신 지 오래되었는데도, 아직까지 행장行狀이 없습니다. 이는 본손이 겨를이 없어서 그렇게 된 것이지만, 우리 사림으로서도 그를 존모하는 도리에 요량이 없을 수 있겠는가 싶어서 감히 배알하게 되었습니다."라고 하였다. 이에 내[漢膺]가 일어나서 말하기를 "무릇 '행장'이란 『예기』에서 '문생門生과 그를 익숙하게 잘 아는 이들이라야 지을 수가 있는 것이다.'라고 하였습니다. 지금은 때가 거의 300년이나 지난 뒤인데, 누가 알아 지을 수 있을 것이며, 기록한다고 하더라도, 신뢰를 받을 수 있겠습니까? 게다가 나는 늙고 비루한 데다 정신이 흐린데 어떻게 감당하겠습니까?"라고 하였다. "그렇기는 합니다. 그러나 청음 김상헌의 비명碑銘 및 여러 어른들의 만사輓詞와 제문祭文 등이 있는데, 이는 모두 한때 서로 교유하며 마음을 알아주는 존현尊賢들로 그 말씀은 충분히 징험할 만한 것입니다. 그것을 모아 구성한다면, 무슨 혐의가 있겠습니까?"라고 하였다. 드디어 공의公議로 돈독하게 요구하기를 그치지 않으니, 끝까지 사양하기 어려운 점이 있었다. 이에 삼가 여러 저작들을 취하고 겨우 의지하여 감히 취사 선택할 수 없어서 다만 그 당시에 언급하지 못한 몇 조목을 보충하였으니, 훗날의 군자는 참람하고 망령됨을 용서하고 참고로 삼을 만한 것이 있다면 다행이겠다.

장곡은 아들이 없어 아우 권태정權泰精의 셋째 아들 세후世後

를 후사로 삼았다. 딸이 넷인데, 안경엄·오익황·김요형·한필구에게 시집갔다. 세후는 아들이 넷인데, 두첨·두재·두산·두칠이고, 딸이 다섯인데, 이원유·구석창·김준·김국주·이의식에게 시집갔다.

장곡은 타고난 성품이 단정하고 장중하였고, 효성과 우애는 순수하고 지극하였다. 온유하고 돈후하였는데, 이는 퇴계 이황과 백담 구봉령 그리고 아버지 회곡이 지향했던 인간의 성품이다. 가정과 스승의 교육이 상통하고 있는 지점이다. 장곡은 회곡처럼, 출세를 우선으로 생각하지 않았고, 일상생활에서 병이 들었을 때까지 부모의 뜻에 순종하였다.

청요직을 두루 거쳤으며 스스로를 지킬 줄 알아 화복과 득실이 그의 뜻을 흔들리게 하지 못하였다. 권세를 가진 간신 이이첨이 권력을 독점하였을 때도, 다른 사람은 그의 집에 문전성시를 이룰 만큼 들락날락거렸지만 장곡은 끝내 한 번도 돌아본 적이 없었으며, 그를 데려다 문객으로 삼으려고 해도 동요하지 않았다. 이는 그가 입지立志를 가장 최우선으로 생각하고 있었기 때문이다.

묘제廟制와 복제服制는 당시 큰 문제였는데, 장곡은 고례古禮를 근본으로 삼고 시제時制를 참작하였으니, 예학의 전문가로 칭찬을 받았다. 고례는 『주례』·『의례』·『예기』의 삼례서三禮書를 말하고, 시제는 당시의 국가 제도인 『경국대전』과 『국조오례의』를 말한다. 그는 고례와 시제를 참작하여 이전에 없었던 변례變禮에 대처하였던 것이다.

이 행장은 김도명이 권도화의 편지를 가지고 와서 장곡의 행장이 없는 것을 안타깝게 여겨 진성의 이한응에게 부탁하여 작성된 것이다. 이한응은 행장이 문하생과 그를 익숙하게 아는 사람이어야 지을 수 있는 것인데, 300년이 지난 뒤에 쓴다면, 신뢰를 받지 못할 것이라는 이유로 사양하였다. 그러나 사림의 공론이고 그치지 않고 돈독하게 요구하니 사양하지 못하고 장곡의 행장을 짓게 된 것이다.

2 회곡종가의 후예들

회곡 권춘란과 장곡 권태일의 후예들은 가문은 물론, 사회와 국가를 위해 헌신한 인물들이었다. 그 가운데 대표적인 인물이 바로 월곡月谷 권용하權龍河(1847–1910), 니남泥南 권영탁權寧鐸, 탄곡炭谷 권오봉權五鳳 등이다.

월곡 권용하는 승지 공 권석충權錫忠의 10대손이자 장곡 권태일權泰一의 8대손이다. 고조는 가선대부 권갑래權甲來이고, 증조는 동지중추 권만중權萬中, 부친은 권도협權道浹으로 용양위 부호군이다. 권용하는 헌종 13년(1847) 출생하였다.

권용하의 이야기는 송상도宋相燾의 『기려수필』에 나온다. 1871년 송상도는 청산請山 권상익權相翊에게 배우고 교유하면서 견문

탄곡 영모비

을 넓혔고, 아호를 '기려자騎驢子'로 하여 전국 방방곡곡을 누비며 애국자의 자료를 수집하여 『기려수필』을 편찬하였다. 권상익은 1919년 유림의 파리장서巴里長書 운동으로 유명한 봉화 출신의 독립운동가로, 『기려수필』의 서문을 썼다. 이 수필에 1910년 경술국치庚戌國恥의 소식을 듣고 향리에서 홀로 자진自盡한 월곡공月谷公 권용하權龍河 열사의 사적이 실려 있다.

권용하는 어려서부터 남다른 데가 있었다. 농사짓고 이웃과 화목하면서 향당에서 쌓은 그의 학식과 덕망이 조정에 계달되었다. 그래서 1902년(고종 39) 권용하는 나이 47세에 종4품 선략장군宣略將軍의 무산계로서 사헌부 감찰에 제수되었다. 그러나 그는 벼슬을 버리고 고향에 돌아와 농사를 지었다. 그러던 중 종제 용혁龍爀이 와서 나라가 합병되었음을 알렸다. 그러자 권용하는 나라가 망했는데 살아서 무엇하랴 하면서 통곡하더니, 의관을 정제하여 서울을 향해 북향 4배를 마치고 그대로 기둥에 머리를 박았다. 그러자 피를 토하며 기도가 막히더니 숨을 거두었다.

시산 류동준은 권용하의 전傳을 짓고 찬하기를 "회곡 공의 9대손이요 대한의 빼어난 백성인데 어찌 하늘의 해가 한가운데서 비침을 모른다 하랴?"라고 하였고, 풍산 류시봉은 비문을 짓고 명하기를 "충성을 다하고 효도를 다하니 하늘에서 받은 천성이요 나라가 망하니 몸도 없어짐은 공의 절개인데 우주를 일관하여 떠받들었으니 굳세고 또한 장렬하였네, 봉분과 사당은 눈물을 흘릴 고개에 있는데 무릇 저들 도적질해 사는 자 누구라 얼굴이 부끄럽지 않겠는가?"라고 하였다.

니남 권영탁은 권춘무權春茂의 10대손이다. 고조는 가선 권수중權壽中이고 증조는 권후權煦, 조부는 권도무權道武, 부친은 권용필權龍必이다. 권영탁은 1889년(고종 26) 안동 와룡 태리 272번지에서 태어나 총명하고 성품이 당당하였다.

미국의 윌슨 대통령이 제창한 민족자결주의의 영향으로, 방방곡곡에서 3·1 만세 운동이 전개되었다. 그 당시 권영탁은 뜻을 같이하는 김원진·송기식·권이원·권점필·권경영 등과 1919년 3월 18일에 안동 장터에서 만세 시위에 참가했다.

3월 23일 밤 3,000여 군중이 안동 시내 동서남북에서 자주독립 만세를 외쳤다. 권영탁이 동지들과 동분서주하면서 왜경에 대항하니 그 기세는 하늘을 진동하였다. 왜경이 왜인들에게 중창을 주어 200여 편대로 군중을 무차별로 사격하고 칼로 찔러서 사상자가 속출하였다. 이때 순국한 사람이 권영탁과 30여 명이었는데, 권영탁의 장지는 사니산 서록이었다. 권영탁은 1남 2녀를 두었는데 당시 오완五琓의 나이는 7세였다. 1983년 대통령 표창을 받았는데 재종숙 영목과 장손 종적이 공의 사적을 수집하여 경과를 비에 기록하였다. 방후손 좌윤공파 권영태權永泰가 비문을 지었다.

하늘이 내린 백성의 떳떳함	天降民彛
어짊과 더불어 의로움이라	惟義與仁
생사를 호흡하니	死生呼吸
그 어진 이 누구인가	孰能其仁
어짊과 의로 애국하고	仁義愛國
몸을 바쳐 의를 다했네	義以殉躬
명銘에 품어 온 바를 새기고 올려서	奠銘攸藏
밝게 보이나니 끝이 없도다	昭示無窮

탄곡 권오봉은 가연佳淵 권춘계權春桂의 11대손이다. 경산정耕山亭 권용보權龍普의 손자이고, 이하易下 권대영權大永의 아들이다. 권오봉은 1895년(고종 32)에 출생하였다. 자질이 명석하여 가업을 이었고, 문학이 깊고 넉넉했으며[深優] 향내에서 명망이 높았다. 권오봉의 나이 16세 때 경술국치로 참의 향산響山 이만도李晩燾(1842–1910)가 안동에서 자결하였다. 그리고 영양 출신 유학자 벽서 김도현이 의병을 일으켜 싸우다가, 1914년에 유시를 남기고

영해 관어대觀魚臺에서 투신하여 죽었다. 그러자 권오봉은 이에 크게 감명을 받았고, 마음속에 일제에 항전하고 일제를 배척하는 정신이 가득했다. 1919년 기미독립운동이 일어나자 권오봉은 25세로 시위를 창도하였다. 왜경을 피해 20여 년 동안 객지를 전전하다가, 나라가 일제로부터 해방되자 고향으로 귀환하였다. 그 후 영양의 청기면 기포동 향리에서 서숙하며, 인근의 자녀들 70여 명을 모아 한학을 가르치고 예속禮俗을 교시하며 일생을 보냈다.

권오봉은 1976년 82세로 졸했다. 그의 묘소는 영양 청기면 기포동 포두 앞산에 있다. 문하생들이 권오봉을 기리는 유적영모비遺蹟永慕碑를 세웠는데 문학박사 김일렬이 그 비문을 지었다. 이렇게 권오봉의 항일운동 사적은 비석을 세움으로써 널리 알려졌다[立石揚名].

제4장

불천위와 제례문화

1 회곡종가의 불천위

회곡종가의 불천위 신주는 회곡 선생의 신주와 그의 부인 금성박씨의 신주로 구성되어 있다. 회곡 선생의 신주에는 한자로 '顯先祖考通訓大夫行司憲府執義兼世子侍講院輔德春秋館編修官府君神主'라고 쓰여 있고, 그 옆에 '十三代孫在旭奉祀'라고 쓰여 있다. 금성박씨의 신주에는 한자로 '顯先祖妣淑人錦城朴氏神主', '十三代孫在旭奉祀'라고 쓰여 있다.

회곡 선생의 신주는 '통훈대부 행 사헌부집의 겸 세자시강원 보덕 춘추관편수관'이라는 직책을 쓴 것이고, 금성박씨의 신주는 '숙부인'이라는 증직을 쓴 것이다. 그리고 두 신주에는 모두 13대손 권재욱 씨가 봉사자로 기록되어 있다. 그리고 회곡 선생의 불

회곡종가 불천위 신주(회곡종가 종손 권재욱 제공)

천위 신주 뒷부분에는 한자로 '故通訓大夫行司憲府執義權公諱春蘭字彥晦神主'라고 쓰여 있다. '고 통훈대부 행 사헌부집의 권 공 휘 춘란, 자 언회의 신주'라고 쓰여 있는 것이다.

불천위不遷位는 나라에 큰 공적이 있거나 뛰어난 학문적 업적을 남긴 이들에게 사대봉사四代奉祀 외에 자손 대대로 제사를 받을 수 있는 자격을 말한다. 불천지위不遷之位의 줄임말이다. 신주를 조매祧埋하지 않고 봉사奉祀를 지속한다고 하여 부조위不祧位라고 부르기도 한다. 불천위는 신주를 계속 사당에 모시고, 기제사는 물론, 묘사廟祀나 시제時祭를 지낸다는 특징이 있다. 가문에 따라서는 불천위에 대해 기제사만 지내기도 한다.

예전에 회곡종가에서는 추석 당일에 2번의 제사를 지냈다. 낮에는 세덕사에서 추석 명절 차례를 지내고, 밤에는 구 종택 제청에서 불천위 기제사를 지냈다. 그러다가 40여 년 전부터는 제사를 추석 당일 오후 2시에 1번 지내는 것으로 축소하였다. 또 예전에는 비위의 기제사도 음력 3월 18일(기일은 음력 3월 19일) 제일祭日에 맞춰 따로 모셨는데, 30여 년 전부터는 고위考位와 비위妣位를 합설하여 지내고 있다.

예전에는 회곡고택에서 5대봉사를 지냈지만, 지금은 부친과 조부만 고택에서 모시고 있다. 10여 년 전부터 4대봉사가 아닌 2대봉사만 진행하고 있는 것이다. 설날에는 고택에서 떡국을 차려 놓고 제사를 지내되 사당에서의 제사는 하지 않고 있다. 제사 때마다 안동에서 장을 봐서 영양으로 갖고 오는데, 제사 하루 전날 영양 고택으로 와서 영양군 기포리 부근에 사는 어른들과 함께 제수를 준비한다.

1) 제청 마련

회곡종가는 예전에는 제청을 구 종택에 마련해서 제사를 진행하였지만, 지금은 세덕사世德祠라는 사당에서 지내고 있다. 세덕사는 원래 미음 자 모양(ㅁ)의 회곡고택 건물 옆에 있었는데, 조선 영조 때 세덕사를 현재의 위치로 옮기게 되었다. 제사 전에 고택 마루에서 다 같이 점심을 먹고, 그다음 고택에서 음식을 만들

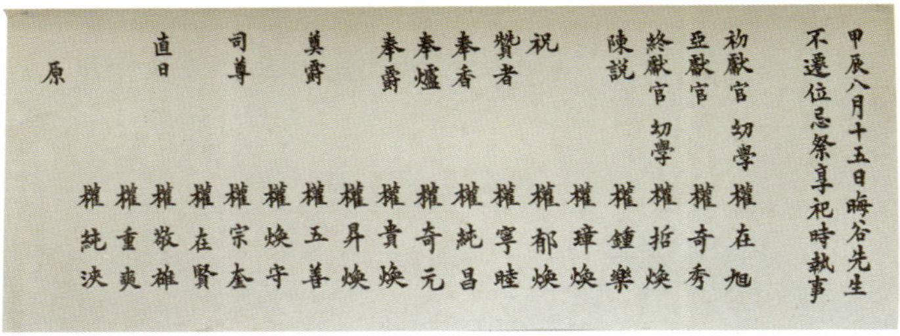

甲辰八月十五日晦谷先生
不遷位忌祭享祀時執事
初獻官 幼學 權在旭
亞獻官 權奇秀
終獻官 幼學 權掐煥
陳設 權鍾樂
祝 權瑋煥
贊者 權郁煥
奉香 權寧睦
奉爐 權純昌
奉爵 權奇元
奠爵 權貴煥
司尊 權昇煥
直日 權五善
原 權煥守 權宗奎 權在賢 權敬雄 權重奭 權純泱

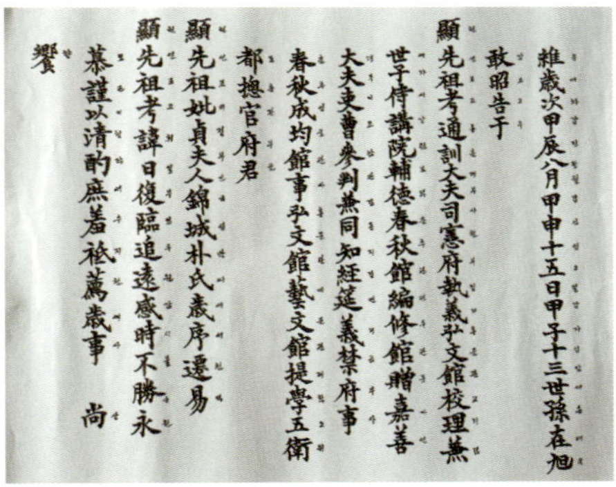

維歲次甲辰八月甲申十五日甲子十三世孫在旭
敢昭告于
顯先祖考通訓大夫司憲府執義弘文館校理兼
世子侍講院輔德春秋館編修館贈嘉善
大夫吏曹參判兼同知經筵義禁府事
春秋成均館事弘文館藝文館提學五衛
都摠官府君
顯先祖妣貞夫人錦城朴氏歲序遷易
顯先祖考諱日復臨追遠感時不勝永
慕謹以清酌庶羞祗薦歲事 尚
饗

집사분정기와 축문

어 세덕사로 옮기는 방식으로 제사를 지낸다.

집사분정은 추석 당일 고택에 모여 진행한다. 초헌은 종손, 아헌은 파종회장, 종헌은 안동권씨 종친회 회장이 맡는다. 예전에는 종부가 아헌을 했지만, 지금은 외부 손님에게 아헌을 양보하고 있다. 홀기笏記는 예전에 종택에서 보관했으나, 지금은 사라지고 없다. 홀기가 있을 때는 세덕사 건물 오른쪽에서 홀기를 낭독하면서 제사를 지냈다.

▲▼ 제수의 배열

2) 제수의 진설

제수는 한꺼번에 진설하고 있다. 회곡종가는 기제사와 묘사 때 조율이시, 곧 대추[棗]·밤[栗]·감[柿]·배[梨]를 진설하는데, 우측에서부터 진설하는 우진설右陳設의 방식으로 진행된다. 그런데 회곡의 부친 승지 공의 제사 때는 좌설左設로 진열하고, 복야 공의 제사 때는 우설右設로 진열하였다. 기원을 확인할 수 없지만, 제사 대상을 살아 있는 사람처럼 모시고자 밥그릇을 왼쪽에 진설하고 국그릇을 오른쪽에 진설하고 있는 것이다.

제사 음식을 분류하면, 편, 탕, 갱, 나물, 과일, 전, 포, 산적, 멧국수로 분류할 수 있다. 편은 절편·증편·송편으로 구성되는데, 송편에는 녹두를 넣는다. 탕에는 소고기·무·돔배기가 들어간다. 예전에는 3탕을 올렸으나, 지금은 1탕을 올리고 있다. 갱은 콩나물·고사리·무를 사용한다. 나물은 3~5채를 올리는데, 콩나물·도라지·고사리·시금치·무나물 등이다. 과일의 경우 사과·배·감·대추를 필수로 준비하되, 그 외에는 제철 과일도 사용한다. 전은 배추·고구마·동태·명태를 올리고, 포는 대구포·명태포·오징어포 가운데 하나를 선택해 올린다. 산적은 돔배기·고등어·문어·소고기·조기·돼지고기를 적틀 하나에 올리고 있다. 닭고기도 삶아서 올리는데, 가끔 생략하기도 한다. 멧국수는 국수·깨·간장으로 만드는데, 국수 면을 만들 때 콩가루와 밀가루를 섞어서 만들고 있다.

▲▼ 분향과 뇌주

3) 제사의 절차

(1) 강신례와 참신례

『주자가례』에 의하면, 신주를 내온 뒤에 참신参神 재배再拜하고 강신降神한다고 하였다. 신주神主는 그 자체가 신체神體이기 때문에 그것을 조상으로 여겨 참신을 먼저 한다. 강신은 위에서 아래로 신령神靈이 이동하는 것을 말한다. 강신은 2가지로 진행되는데, 첫째는 향을 태우는 분향焚香을 통해 신혼神魂을 부르고, 술을 땅에 붓는 뇌주酹酒를 통해 체백體魄을 부르는 것이다. 참신은 주인 이하가 조상을 맞이하는 의식이다. 주인 이하가 자리를 정하면 참례자 전원이 참신 재배한다. 재배는 두 번 절한다는 뜻이다. 종이로 만든 신주인 지방紙榜을 사용할 때에는 강신을 먼저 하고, 그다음 참신례를 진행한다.

회곡종가는 신주의 독을 여는 개독開讀, 촛불에 불을 붙이는 점촉点燭, 분향焚香과 뇌주酹酒를 통해 신혼과 체백을 모시는 강신降神, 신위神位에 참여하는 조상의 신령에게 참례자들이 두 번 절하는 참신의 순서로 의례를 진행한다.

(2) 초헌례

초헌례는 조상의 신령에게 첫 번째 술잔을 올리는 의식이다. 참신례와 강신례를 마치고 난 뒤 초헌관이 재배하지 않고 신위 앞으로 나아가면, 집사가 초헌관에게 술을 따라 주고, 이를 초헌관으로부터 건네받고는 제사상에 올린다. 그런 다음 축관이 축

▲▼ 초헌례와 독축

문을 읽는다. 축을 읽고 난 뒤에는 술잔을 물리고, 밥그릇과 국그릇의 덮개[盍]를 열어 둔다.

유세차 갑진년 8월 15일 갑자에 13세손 재욱은 감히 현선조고인 통훈대부·사헌부 집의·홍문관 교리 겸 세자시강원 보덕·춘추관 편수관·증 가선대부·이조참판 겸 동지경연·의금부사·춘추성균관사·홍문관·예문관 제학·오위 도총관 부군과 현선조비인 정부인 금성박씨 신위께 밝게 고합니다.

세월이 바뀌어 현선조고께서 돌아가신 날이 다시 돌아와 선조를 추모하며 시절을 느낌에 길이 사모하는 마음을 이기지 못하겠습니다. 삼가 맑은 술과 온갖 제수를 차려 놓고 공경히 세사를 올립니다. 흠향하소서.

[維歲次甲辰八月甲申十五日甲子, 十三世孫在旭, 敢昭告于顯先祖考通訓大夫·司憲府執義·弘文館校理兼世子侍講院輔德·春秋館編修官·贈嘉善大夫·吏曹叅判兼同知經筵·義禁府事·春秋成均館事·弘文館·藝文館提學·五衛都摠管府君, 顯先祖妣貞夫人錦城朴氏. 歲序遷易, 顯先祖考, 諱日復臨, 追遠感時, 不勝永慕. 謹以淸酌·庶羞, 祗薦歲事. 尚饗.]

(3) 아헌례와 종헌례

아헌례는 초헌례가 끝난 뒤 두 번째 술잔을 올리던 의식을 말한다. 회곡종가에서는 아헌관이 술잔을 올린 후에 숟가락을 밥에 꽂고 젓가락을 음식 위에 올려놓는 의식인 삽시정저揷匙正箸를 행한다. 조금 있다가 아헌관은 재배하고 물러난다. 종헌례는 아헌례가 끝난 뒤 세 번째 술잔을 올리던 의식을 말한다. 마지막 술잔이라는 뜻에서 종헌례라고 하는 것이다.

종헌관이 술잔을 올릴 때, 술잔에 담긴 술을 조금 덜어 낸다. 이렇게 하는 이유는 이후 첨작添酌을 하기 때문이다. 회곡종가에

▲▼ 아헌례와 삽시정저

종헌례와 첨작 ▲▼

▲▼ 유식례와 사신례

서 첨작은 밥그릇 덮개로 진행하고 있다. 집사자가 밥그릇 덮개에 술을 조금 따르고, 초헌관·아헌관·종헌관이 올린 술잔에 이를 따라서 술을 조금씩 더하는데, 이를 첨작이라고 한다. 첨작은 조상의 혼백이 식사하면서 반주로 술을 더 드시라는 의미를 담고 있다.

(4) 유식례와 사신례

종헌례가 끝나면 진다례와 유식례를 행한다. 진다進茶란 헌다獻茶라고도 하는데, 식사 후 차나 숭늉을 마시듯 제사상에 놓은 국그릇을 내리고 차나 숭늉을 올리는 것을 말한다. 회곡종가의 진다례는 국그릇을 내린 후 미리 준비해 둔 맑은 물을 올리는 방식이다. 유식侑食이란 '음식을 드시도록 권한다'는 의미를 지니고 있다. 즉 조상의 혼백이 생전과 같이 음식을 충분히 흠향하기를 바라는 후손들의 정성이 들어간 절차이다. 기다리는 시간은 『예기禮記』에 따라 구식경九食頃 정도인데, 밥 아홉 숟가락 뜰 정도의 시간을 말한다고 생각하면 된다. 혼백이 흠향하고 나면 몸을 굽혀 절하는 국궁재배鞠躬再拜의 의식을 진행한다. 이후 밥그릇과 국그릇의 덮개를 닫고, 숟가락과 젓가락을 내려 혼백을 떠나보내는 의식을 진행하는데, 그것이 바로 사신례辭神禮이다.

(5) 철상과 음복

음복飮福은 복을 받는다는 뜻으로, 제사를 거행한 뒤에 제사

▲▼ 납주와 음복

에 참여한 이들이 신의 뜻이 담긴 술과 제사 음식을 나누어 먹는 절차를 말한다. 고례古禮에서는 제사에서 술을 올릴 때마다 제사 지낸 고기를 받는 수조례受胙禮를 했기 때문에 음복수조飮福受胙의 예가 함께 있었다. 우리나라에서는 제사를 길례吉禮로 생각하기 때문에 기제 때에도 제사가 끝나면 관행으로 음복하는 절차를 행했다.

예전에 회곡종가에서는 종가 어른들이 제삿날 며칠 전에 종택에 오셔서 주무셨기 때문에 음복도 종택에서 진행할 수 있었다. 하지만 지금은 그때와 상황이 달라졌기 때문에, 제사를 지낸 후 큰 나무 아래에 있는 기포리 새마을 마을회관에 모여 음복을 진행하고 있다. 예전에는 1인 1상으로 음복을 했다고도 한다.

불천위와
제례문화

2 회곡종가의 제례문화

종손의 말에 따르면 회곡종가 제사상의 특징은 좌설左設이라고 한다. 국그릇을 오른쪽에 놓으며, 홍동백서와 조율이시를 지킨다. 그리고 추석 명절에 불천위 제사를 봉행하기 때문인지, 불천위 제사에 종손을 비롯하여 온 친척들이 불천위 제사에 참석한다. 그래서 회곡종가의 불천위는 온 친척들이 모여서 활기차고 정겨운 명절 분위기를 자아낸다.

불천위 제례 이외에도 회곡종가에서는 묘사를 봉행한다. 묘사 날짜는 매년 음력 10월 첫 번째 일요일로 고정되어 있다. 묘사를 모시는 인물들은 총 7위로, 회곡의 아버지인 승지 공과 회곡·장곡, 그리고 판서 공 5형제이다. 이들의 묘소는 안동시 와룡면 태

회곡종가의 제례문화(회곡종가 종손 권재욱 제공) ▲▼

회곡종가의 제례문화(회곡종가 종손 권재욱 제공)

리에 있다. 이때 문중 사람들이 태리 묘역에 다 모인다고 한다.

종손의 말에 따르면, 4년 전까지만 해도 윗대 조상들의 묘소부터 시작해서 모든 조상의 묘소를 다 돌며 묘사를 지냈다고 한다. 지금은 모든 조상의 묘소를 일일이 직접 가지 않고, 승지 공 묘소에서 음식과 술잔 7잔을 올려서 묘사를 모신다. 묘사의 축문 역시 19~21대 조상들의 것을 한 번에 읽는다.

종손은 제사를 간편하게 지내는 것이 좋다고 한다. 시대가 변함에 따라 과거의 제사와 현재의 제사가 다를 것이라고 하며, 불천위도 기제사 지내듯이 지내고 그 명맥이라도 이어 갔으면 좋겠다고 하였다.

제5장

회곡종가의
고문헌과 건축문화

1 회곡종가의 유물과 고문헌

회곡종가에는 다양한 유물과 고문헌이 소장되어 있다. 최근 회곡종가는 종가에서 소장하고 있던 유물과 고문헌을 한국국학진흥원에 기탁했다. 한국국학진흥원에 기탁한 유물들 이외에도 회곡종가의 사당인 세덕사에서 보관하고 있는 고문헌과 경산정에서 보관하고 있는 고문헌이 있다.

1) 세덕사 소장 고문헌

먼저, 현재 세덕사 사당 내 상자에 보관하고 있는 책자는 다음과 같다. 『천효록목록闡孝錄目錄』 1권, 『택헌집擇軒集』 3권, 『해헌

고문헌 상자

선생문집懈軒先生文集』 3권, 『지곡선생일고芝谷先生逸稿』 1권, 『수제류隋提柳 외 70곡曲』 1권, 『사수辭壽』 1권.

이 외에도 세덕사 사당 상자에 『봉선잡의奉先雜儀』 권지상卷之上 1권, 『집람범례輯覽凡例』 1권, 『학봉선생문집鶴峯先生文集』 1권, 『구전선생문집苟全先生文集』 인仁·의義 2권, 『도산문현록陶山門賢錄』 건乾·곤坤 2권, 『이호집二皓集』 건乾·곤坤 2권, 『송계집松溪集』 1권, 『매곡집梅谷集』 1권, 『회곡선생문집晦谷先生文集』 건乾·곤坤 2권, 『장곡선생문집藏谷先生文集』 1권, 별도품別途品(두루마리) 1편 등이 있었다고 한다.

(1) 『천효록목록闡孝錄目錄』

『천효록목록』은 이창섭李昌葉(1658–1718)의 저술인데, 이희연李義演이 편집하여 1958년에 석판본石版本으로 인출한 것이다. 권두에

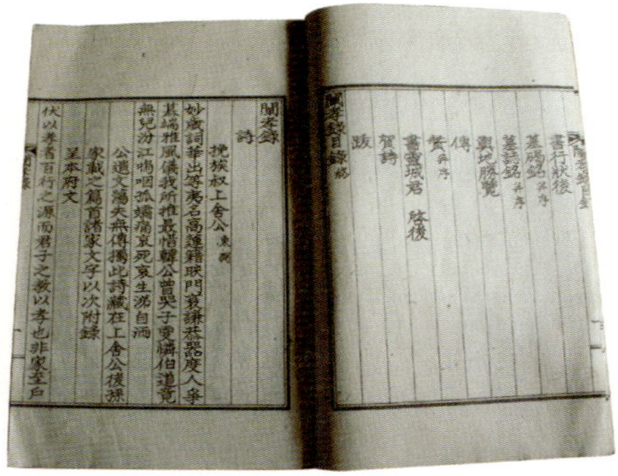

『천효록목록』

권상규權相圭의 서문(1947년)이 있고, 권말에 류승우柳承佑의 발문(1957년)과 이희연의 발문(1958년)이 있다.

「천효록목록」은 「시詩」·「정본부문呈本府文」·「제사題辭」·「제사題辭【정문결呈文缺】」·「정순영문呈巡營文【제사결題辭缺】」·「수의제서繡衣題辭【정문결呈文缺】」·「행장行狀」·「행록후지行錄後識」·「서행적후書行蹟後」·「서행장후書行狀後」·「묘갈명墓碣銘【병서並序】」·「묘지명墓誌銘【병서並序】」·「여지승람輿地勝覽」·「전傳」·「찬贊【병서並序】」·「서영성군계후書靈城君啓後」·「하시賀詩」·「발跋」로 구성되어 있다.

(2) 『택헌문집擇軒文集』

『택헌문집』은 안복준安復駿(1698-1777)의 저서이다. 안복준은 자가 자초子初, 호가 택헌擇軒, 본관이 순흥順興이다. 군수郡守 안연

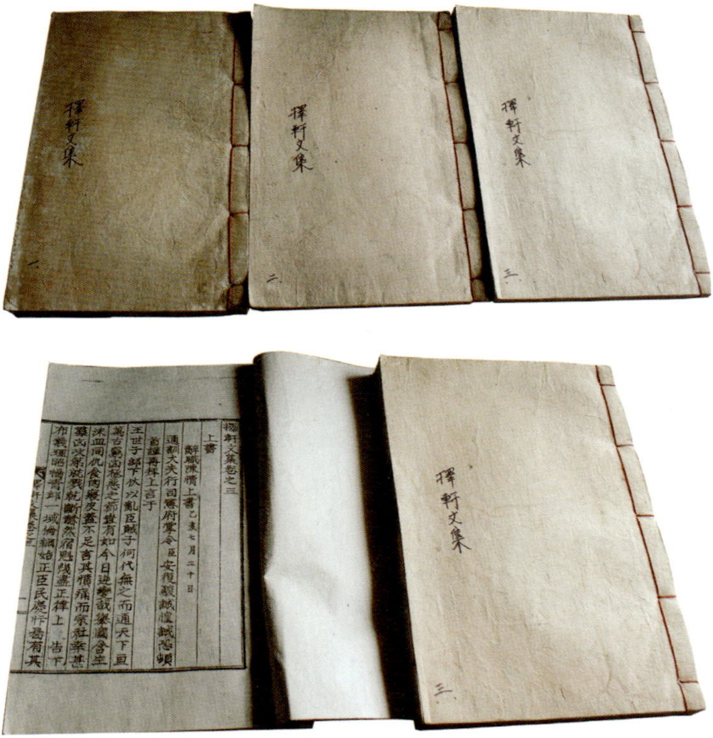

『택헌문집』

석安鍊石의 아들로 안동 와룡臥龍에서 출생하였다. 1728년(영조 4) 별시문과別試文科에 장원급제하여 성균관 전적成均館典籍에 임명되었다. 그 뒤 정릉령貞陵令·이조 정랑吏曹正郞을 거쳐, 1737년 부안현감扶安縣監을 역임하며 많은 치적을 남겼다. 그러나 어사御使 남태량南泰良의 무고로 고생하다가 풀려났다. 1753년 사헌부 지평

司憲府持平·장령掌令을 거쳐 울산 부사蔚山府使가 되었다. 울산 부사를 역임할 때 흉년에 창고를 풀어 굶주린 백성들[饑民]을 구제했다. 그래서 이에 감동한 군민이 그를 위해 송덕비頌德碑를 세웠다. 이후 안복준은 다시 내직으로 승진하여 성균관 사성成均館司成·지제교知製敎·호조 참의戶曹參議·지중추부사知中樞府事에 오르고 특진관特進官이 되었다. 만년에 권춘란이 지은 『진학삼십육도進學三十六圖』를 김원행과 연역演繹·간행했고, 서간사西磵祠를 지어 김상헌金尙憲을 제향했다.

(3) 『**해헌선생문집**解軒先生文集』

『해헌선생문집』은 조선 후기의 학자 황명하黃命河(1651~1765)의 시문집이다. 황명하의 자는 자윤子潤, 호는 해헌解軒, 본관은 평해平海이다. 『해헌선생문집』은 1971년 황명하의 10대손 황진학黃鎭鶴 등이 편집하고 간행하였다. 권두에 이주원李周遠·백순우白淳愚의 서문이 있고, 권말에 남병기南炳基와 황진학의 발문이 있다. 권1~3은 시 478수, 권4는 만사 18수, 서書 21편, 잡저 1편, 대책對策 3편으로 구성된다. 권5는 서序 5편, 기記 1편, 부록으로 제현수창시諸賢酬唱詩 54수, 제현왕복서諸賢往復書 24편, 서序, 교유록交遊錄, 교유록후交遊錄後 등으로 구성되어 있다.

황명하는 성리性理에 밝아 시에도 인의仁義가 함축되어 있다는 평을 받고 있으며, 「영산십영英山十詠」·「유대관령숙오봉서원踰大關嶺宿五峰書院」 등 연작 기행시를 다수 남겼다. 그 밖에 친구와 이

『해헌선생문집』

별할 때 쓴 증시贈詩와 차운次韻한 시도 많다. 잡저의 「유교원제생문諭校院諸生文」은 향교의 교생과 서원의 원생에게 학문에 정진하라고 권유한 글로서, 가문을 빛내고 나라를 바르게 하며 시대를 구할 인재를 만들고자 하는 것이 향교와 서원에서 선비를 기르는 뜻이라고 하였다. 서序 중 「소곡동안서蘇谷洞案序」와 「기성향안서箕城鄕案序」 등에서는 동안과 향안을 통하여 사족을 중심으로 한 향촌 사회의 질서를 확립하고자 하는 필자의 의도를 엿볼 수 있다. 「해당야사서解堂野史序」는 저자가 『열성조실록列聖朝實錄』을 편집하여 14권으로 만들고 붙인 서문이다. 당파에 따라 역사를 기술하는 자들이 잘못된 사관을 가지고, 자신에게 이롭게 역사를 기술함으로써 나타나는 병폐를 지적하고 있다. 그래서 「해당야사서」는 이 시기 역사 서술의 한 동향을 보여 준다는 점에서 관심을 끈다.

황명하의 아버지는 통덕랑 황석건黃石建이며, 어머니는 안동권씨安東權氏로 시경是經의 딸이다. 황명하는 어려서부터 문장이 뛰어나고 교유의 범위가 넓었으며, 벼슬에 뜻을 두지 않고 학문에 힘썼다. 그래고 평해平海에 유배 중인 강석규姜錫圭로부터 가르침을 받았다.

(4) 『지곡선생일고芝谷先生逸稿』

『지곡선생일고』는 류의남柳義南(1583–1655)의 글을 모아서 엮은 책이다. 류의남의 자는 의언宜彦, 호는 지곡芝谷, 본관은 풍산豊山이다. 조부는 류몽인柳夢寅, 아버지는 예조 좌랑 류륜柳淪이다.

2) 경산정 소장 고문헌

경산정에 소장되어 있는 고문헌은 다음과 같다. 『경산유고耕山遺稿』·『벽소유고碧笑遺稿』·『벽소보망碧笑補忘』·『악초惡草』·『숙흥야매잠夙興夜寐箴』·『안동권씨 별장공파 세사록安東權氏別將公世仕錄』·

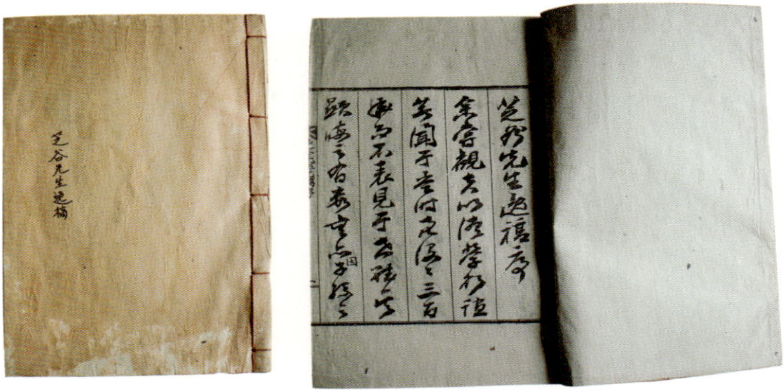

『지곡선생일고』

『세계世系』 등.

(1) 『안동권씨 별장공파 세사록』

『안동권씨 별장공파 세사록』은 각 세대별로 안동권씨 별장공파 인물들이 역임했던 관직들이 적혀 있다. 맨 앞에는 권오봉이 쓴 수언首言이 있다. 이를 통해 『안동권씨 별장공파 세사록』의 편찬 의도를 알 수 있다.

안동권씨 별장공파 세사록

'세사록世仕錄'은 우리 태사 선조께서 성姓을 하사받은 이래로 지금에 이르기까지 실직實職과 증직贈職을 막론하고 '별장공파 세사록'이라고 불린 것이다. 미관말직이라도 그 어떤 것도 빠지거나 잃어버린 것 없이 분명하게 기

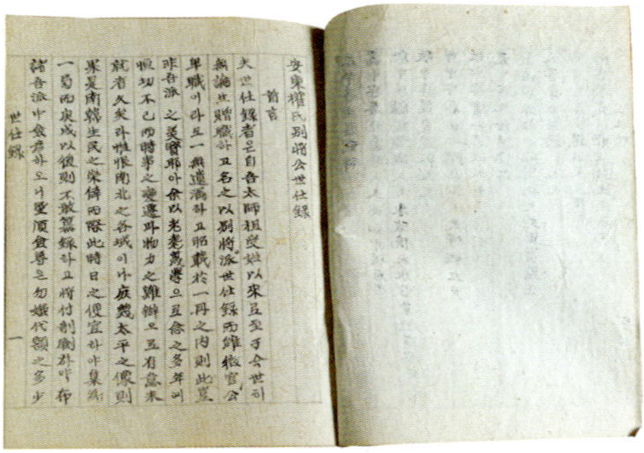

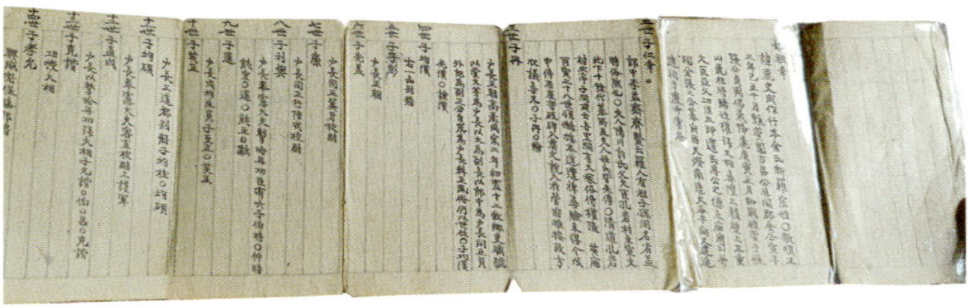

『안동권씨 별장공파 세사록』

록되어 있으니, 이것이 어찌 우리 별장공파의 소중한 보물이 아니겠는가? 나는 늙고 어리석은 말학으로 여러 해 동안 걱정해 오면서 항상 절실하여 그만두지 못하였지만, 세상일의 변천과 물력을 조달하기 어려워서 뜻을 두었지만 성취하지 못한 지 오래되었다. 한스러운 것은 남쪽과 북쪽의 각 지역이 태평성대를 누리기를 기대하였지만, 남한의 백성들만 영화를 누릴 수 있게 되었다는 것이다. 이렇게 편의便宜한 세상을 맞이하여 한 판을 만들어 경술년(1910) 이후는 미처 모아 기록하지 못하고 장차 책판에 찍어 우리 별장공파 파중에 배포하려고 한다. 바라는 것은 여러 어른들께서는 대액代額의 많고 적음을 꺼리지 마시고, 구입하여 한 번 열람하신다면, 선조들이 누렸던 작위의 차서를 자세히 알 수 있고, 또 후손들의 보배로운 거울이 될 수 있을 것이다. 그러니 얼마나 소중하지 않겠는가? 감히 공경하지 않겠는가?

1962년 섣달 태사공 35세손 오봉五鳳은 삼가 쓴다.

(2) 『경산유고耕山遺稿』

『경산유고』는 건곤乾坤 2책의 필사본이다. 여기에 100여 편의 시와 경산정耕山亭의 기문과 제문, 그리고 묘갈명과 만사 등이 게재된 것으로 보아, 경산 사후에 그의 맏아들인 이하易下 권대영權大永(1856–1933)이 편찬한 것으로 추정된다.

경산耕山 권용보權龍普(1828–1908)는 회곡 권춘란의 후손으로 가학家學을 바탕으로 학문에 전념하였고, 어지러운 세상을 보고 은거하였다. 고향에 정자를 지어 학문을 연구하며 후학을 가르쳤다.

경산은 삼도군 별장을 지낸 권영정을 파조로 하는 안동권씨 별장공파 33세손으로 권도문權道文(1798–1858)과 순흥안씨(1805–1834) 사이에서 둘째 아들로 태어났다. 경산의 작은할아버지인 권면權冕(1794–1832)은 아들이 없어서, 대를 잇기 위해 권도기權道器(1800–1840)를 양자로 들였다. 그런데 권도기도 진성이씨(1803–1833)와의 사이에서 아들을 두지 못했다. 그래서 경산이 권도기의 계자繼子가 되어 그 후사後嗣를 계승하게 되었다. 1867년 회곡고택의 서재에 경은재耕隱齋라고 편액을 붙인 뒤 자연에 은거하며 후학을 가르치는 것에 뜻을 두었다. 1896년에 "산에 은거하며 산을 경작하네.[隱於山, 耕於山.]"라는 편액을 걸고 봉강鳳岡 이만여李晩輿(1861–1904)에게 상량문을 요청해서 서재를 옮겼다.

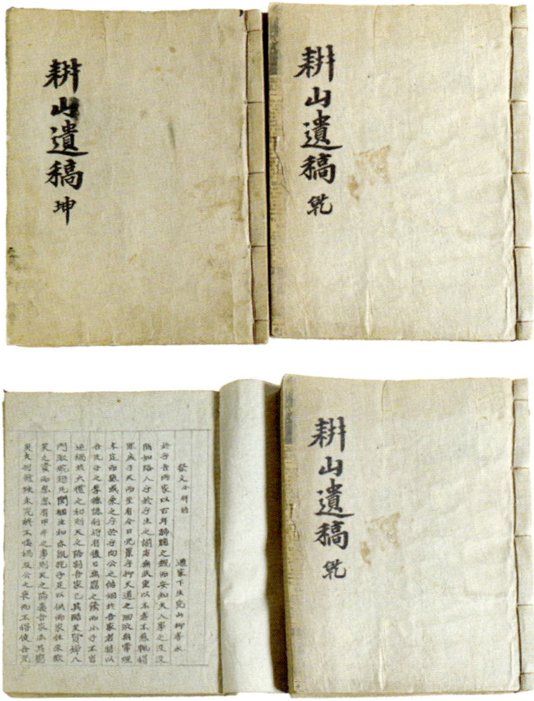

『경산유고』

경산정은 권용보가 1896년에 건립한 정자이다. 이 건물은 기포마을 초입에 있는 청기천靑杞川 절벽 위에 자리를 잡고 있다. 마을 초입에 다리를 건너자마자 왼편에 탄곡炭谷 권오봉權五鳳(1895-1976)의 유적영모비遺蹟永慕碑가 보인다. 이 영모비 왼편 밭쪽으로 나 있는 샛길을 따라 50m 정도 가면, 마을 서편으로 흐르는 청기천의 우측 절벽에서 청기천을 내려다보고 있는 경산정이 눈에 들어온다. 정면 3칸, 측면 1칸 규모의 팔작지붕 구조를 지닌 이 건물은 정자 주인의 호號처럼 소박하고 단출하지만, 주변의 경치를 누리기엔 부족함이 없어 보인다. 「경산잡영耕山雜詠」의 시 몇 구절을 보자. 다음은 네이버 블로그(https://blog.naver.com/yjmuse1/223547897591)를 참조하였다.

동대에서 감상한 달[東臺玩月]

술잔 멈추고 한 가지 물노니	停盃一問之
푸른 산에 달 걸렸는가	玉燭掛碧山
달을 맞는 그대 마음 알기에	迎素爾知心
동대에 자취 남기네	東臺隨容迹

먼 주막 저녁 연기[遠店暮煙]

구름 걷히니 비도 막 개어	雲捲雨新霽
들판과 숲에 맑은 광채 돋아나는데	清輝生野林
먼 주막 복숭아꽃 흩날리기에	杏花飄遠店
석양 속 그늘 취해 걷는구나	醉步夕陽陰

사동에 자욱한 구름[寺洞鎖雲]

천년의 오래된 옛 절터	千年古寺墟
주인 없이 소나무 대나무 자라는데	無主繞松竹
땅 가득 흰 구름 내려앉았으니	滿地白雲深
신선은 누구에게 홀로 주려는가	仙翁誰與獨

앞 개울 잠든 백로[前溪鷺眠]

찬 바람에 꽃 피는 시기 늦고	風寒花急懶
푸른 물에 백로도 늦도록 잠자는데	水碧鷺眠遲
맑은 물가 낚싯대 거두니	卷釣淸流上
사람 놀래키고 멀리 날아가네	驚人欲遠飛

봄날 밤 빗소리[審宵聽雨]

비 떨어지니 봄바람 일어나고	雨落春風起
물소리 밤에 더욱 많아지는데	水聲夜正多
손님은 한가롭게 듣기만 하고	有客閑無語
꽃 피면 마시지 않고 무엇하리오	花開不飮何

산속 사는 정취[山中寓意]

바깥세상 풍파로 뒤덮였지만	世外風波路
산속 즐거운 일 많고	山中樂事多
맑고 한가함 약초보다 나으니	淸閑勝藥草
이 맛 정녕 어떠한가	此味正如何

소나무 산 위 밝은 달[松窗月白]

산골 밤 정히 깊어지니	松齋夜正深
밝은 달 하늘 가운데 뜨네	桂影到天心
은은한 빛 촛불 같으니	隱隱光如博
놀란 새 숲에서 날아오르네	驚禽拂樹林

손님이 와서 술 마시려고[客來謀酒]

꽃 피니 새 자주 날고	花開鳥數飛
술 익으니 손님 자주 오는데	酒熟客頻歸
이와 같은 것 한가한 일 아니기에	如此無閑事
아이 불러 사립문 반쯤 닫게 하네	呼兒半掩扉

산수의 즐거움을 느꼈던 것은 회곡과 장곡 이후 안동권씨 가문의 유훈이었을까? 「경산잡영」을 통해서도 이를 확인할 수 있다. 동쪽 암대에서 달을 완미하는 마음에서 작성한 동대완월東臺玩月, 저녁연기 피어나는 먼 거리 주점을 바라보는 시선을 담고 있는 원점모연遠店暮煙, 천년 절터에서 신선을 생각하는 사동쇄연寺洞鎖雲, 늦도록 잠든 백로 사람 놀래고 멀리 날아가는 시점의 전계난면前溪鸞眠 등이 자연과 인간이 어울려 조용히 살아가는 모습을 보여 준다.

봄비에 졸졸 흐르는 물소리에 술 한잔 생각나게 하는 심소청양審宵聽雨, 산속 맑고 한가한 승경을 자랑하는 산중우의山中寓意, 소나무 산골 밝은 달 비추는 창가를 노래하는 송창월백松窗月白, 술 익는 계절 귀한 손님 맞는 객래모주客來謀酒 등이 한가롭지만 산중에 은거하면 살아가는 선비의 모습을 차분하게 보여 준다.

(3) 『벽소유고碧笑遺稿』와 『벽소보망碧笑補忘』

『벽소유고』는 단권 필사본으로 시문 「춘조春朝」와 「송우送友」 등이 실려 있고, 『벽소보망』 또한 단권 필사본으로 만사 「용산이선생【만인씨】만龍山李先生【晩寅氏】輓」과 「도사조공【병유씨】만都事趙公【秉裕氏】輓」 등이 실려 있다. 두 책의 내용을 비교해 보면, 『벽소유고』에 빠져 있던 것을 『벽소보망』에서 보완하고 있다는 것을 확인할 수 있다. 요컨대, 시문과 서간이 추가되어 있는 것이 『벽소보망』이다.

벽소碧笑(이하易下) 권대영權大永(1856-1933)은 경산정에서 아버지에게 글을 배웠으며, 서산西山 김흥락金興洛(1827-1899)과 용산龍山 이만인李晩寅(1834-1897)의 문하에서 학문을 닦고, 다시 경산정에서 후손과 지역의 후학들을 가르쳤다. 1869년 이전에 경은재로부터 출발한 경산정은 경산과 역하 부자에 의해 교육기관으로 널리 알려지게 되어 완산碗山 조성기趙誠基(1886-1939)도 출입하게 되었다. 「경산정기耕山亭記」를 살펴보자. 이 부분은 네이버 블로그(https://blog.naver.com/yjmuse1/223538858163)를 참조하였다.

무릇 사군자의 행실은 조정에 나아가지 않으면 산림에 있는 것을 고인들은 숭상하였다. 또 은둔하면서 뜻이 높은 사람들은 고위 관리들을 티끌처럼 여겨 원숭이나 새들과 함께 살았다. 세상에서 임금에게 충성하고 백성에게 은택을 내려 썩지 않는 이름을 남긴 이들은, 대체로 서로 어긋나면 담담하게 돌아볼 줄 모르고, 자연에 의탁하여 산림이나 동산에 몸을 숨겨 종신토록 후회하지 않았다. 그 뜻이 과연 어디에 있는 것인가?

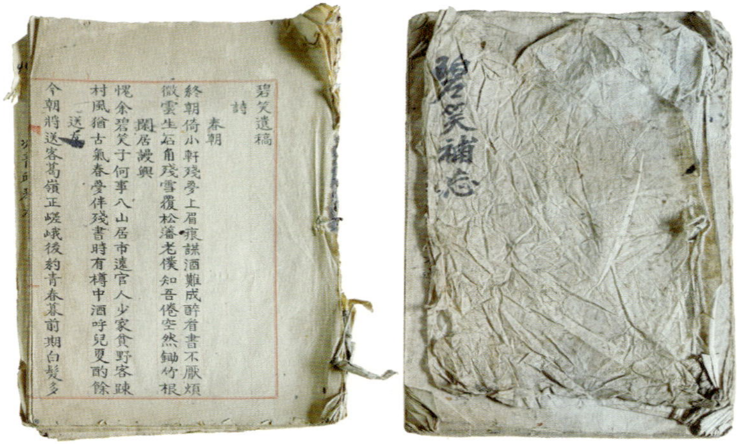

『벽소유고』와 『벽소보망』

문인文人과 달사達士는 진실로 그들을 흠모하여 그들이 지나간 자취를 계승하고자 한다면, 특별할 것이며, 세속을 초월하여 행실을 닦는 선비는 세상 바깥에서 우뚝 서 있는 것이 저들과 같게 되어 여타의 무리와 다를 것이다. 아, 선비란 명리의 굴레와 사물의 티끌로는 마음속에서 막히는 것이 없다. 그의 언행은 사덕四德과 오상五常의 떳떳한 가르침일 것이고, 그의 사업은 삼대 성인들의 지결旨訣일 것이니, 사람들과 함께 있더라도 자신을 단속하는 것이 잘못되지 않을 것이고, 반드시 바르게 일에 임해서는 구차하지 않을 것이다. 그래서 크게는 자신의 임금을 요임금과 순임금처럼 만들 수 있을 것이고, 그렇지 않다면 홀로 자신을 닦아 선하게 될 것이다. 속은 양인데 겉은 범 같은 데에도 오염되지 않을 것이고, 종남산終南山을 첩경의 기와로 삼아 시원하게 깨끗한 구름과 달처럼 다툼 없이 자연을 지키고, 하늘이 준 덕성을 즐기며 남은 생을 마치는 것이 마땅할 것이다.

진晉나라 율리栗里에 살았던 도연명陶淵明(365-427)의 맑은 절개를 숭상하여 전하고, 한漢나라 동강桐江에 살았던 엄자릉嚴子陵(B.C. 37-A.D. 43)의 높은 풍모를 잃지 않는 것이 옳은가, 그른가? 내가 생각해 보건대, 고은古隱(영양군)의 북쪽은 일월산日月山이라는 산이 가장 유명한데, 이 산의 지맥이 남쪽으로 뻗어 귀인봉貴人峯이 되었다. 봉우리 중간에 석은대碩隱臺가 있으니, 석은대의 뜻은 아마 당시 귀인이 이곳에 은거하여 붙여진 이름일까? 기세가 드높고 마치 계곡을 둘러싸고 있는 것과 같으니, 널리 받아들이는 형국이 있는 것이다. 게다가 8~9개의 골짜기가 둘러싸여 맑은 개울이 흐르는데, 잠겨 용추龍湫를 이루는 곳을 '세심대洗心臺'·'팔선대八仙臺'·'상기대上起臺'라고 부른다.

옥산玉山의 반봉飯峯은 층암이 우뚝 솟아 빼어난 경관을 이루고, 7~8리 사이에 동천洞天이 둘러싸고 있어 아름답고, 계곡이 둘러싸여 깊게 흐르니, 이곳이 바로 필시 옛날 은둔 군자가 단장하고 아끼며, 옥 같은 덕을 닦고 신선의 자취를 바꾸지 않고 단사표음簞食瓢飮으로도 즐겼을 것이니, 바로 인자하고 지혜로운 자들일 것이다.

동년배 권정오權正五(권용보, 1828-1908)가 실제로 그 터에 산 것이 이미 몇 세대나 되었으니, 즉 장곡 권태일 선생의 먼 후손이 된다. 그래서 서재의 이름을 '경은耕隱'이라고 짓고 나에게 기문을 맡겼던 것이다. 내가 사양했으나, 받아들여지지 않아 "선비가 세상에 살면서 뜻을 행하면 본래 즐거운 곳이 있을 것인데, 어찌하여 '경耕'으로 소산小山이 남긴 일을 사모하며, 기산箕山의 고상한 아취를 본받으려고 하는가?"라고 하였다. 그러자 "나의 본성이 본래 우활하고 강직하여 세속과 서로 어긋나는데, 마치 농부가 봄을 알리면 봄비가 막 그치는 것 같네. 밭에 있는 산비둘기가 빈시邠詩의 우아한 시가詩歌에 화운和韻하고, 은자의 남겨진 발자취를 따라 뽕나무와 삼을 심은 들판을 노닐며, 느릅나무와 버드나무 그늘에 쓰러져서 쉰다네. 들판에 가을이 들어 낟알이 많은 벼로 풍년을 만나고, 누런 국화가 피어나면 손님을 맞아 새로 담근 술을 기울인다네. 아이들을 시험하려고 책상의 책을 펼치다가 흥취가 향풀의 맑은 향기에 이르면, 수수한 거문고를 어루만지며 반악潘岳의 「한거부閑居賦」와 중장통仲長統의 「낙지론樂志論」을 외우고, 옛사람을 본받으며 유유자적하여 나의 참됨을 기르면 세상의 비판이 이르지 않고, 욕심 없는 마음이 저절로 생겨난다네. 저 요행의 문으로 나아가 무언가를 얻고, 물화와 이익의 부고府庫를 즐기며, 허무맹랑한 기교를 바치고, 무염無鹽의 추한 얼굴 고쳐서 기쁨을 얻고 근심을 잃어버리는 무리가 있는데, 누가 경중을 말하겠는가?"라고 하였다.

옛날 강릉의 류柳 아무개 집안의 한 뙈기 집은 다행히 100무의 밭이 있어 곡식을 심고 짐승을 길러 많은 소출이 있어 남에게 구걸하는 것이 없었다. 여가에는 아우들을 거느리고 옛사람의 도를 강론하여 서로 힘쓰게 하여 자제들이 실제로 징험을 얻을 수 있었다. 서재의 이름을 지은 의리義理를 보면, 또한 가능하지 않겠는가? 무릇 세상을 속이지 않고 확고하게 지키는 것이 있다면, 다가오는 세상에 영원히 칭송받을 것이고, 옛날 이른바 장마 때와 갤 때의 의리를 아는 것과 같을 것이다. 인하여 이 말을 정리하여 기문으로 삼는다.

정묘년(1867) 봄 상한에 탁동한卓東瀚(1828-?)이 쓰다.

-『英陽樓亭錄』「耕山亭記」

옛 군자들은 벼슬길에 나가지 않으면 산림에 있는 것을 숭상하였다. 그렇다면 그 뜻은 어디에 있는 것일까? 선비는 세상의 명예와 이익, 진귀한 사물로는 그가 가진 뜻을 동요시킬 수가 없다. 선비는 사덕으로서의 인의예지仁義禮智와 오상으로서의 친의별서신親義別序信을 지키면서 살아가는 사람들이다. 삼대의 성인 또한 이를 지결旨訣로 삼아 후인들을 가르쳤다. 요임금과 순임금이 대표적이다.

중국의 유명한 시인 도연명은 세상을 피해 맑은 절개를 숭상하여 후세에 전달하였고, 동강에 살았던 엄자릉 또한 높은 풍모를 지니고 있었다. 이들은 모두 세상의 무리한 정치적 질서를 싫어하여 자연 속으로 들어왔다. 세상의 권력과 이익 분쟁을 떠나 깨끗한 구름과 달처럼 다툼 없이 자연 속에 살면서 하늘이 내려 준 덕성을 즐기며 남은 생을 마치려고 하였던 것이다.

영양 북쪽에서 가장 유명한 산은 일월산이다. 귀인이 살았다는 봉우리 귀인봉이 있고, 석학이 은거했다고 하는 석은대가 있으니, 그럴 듯싶다. 게다가 8~9개의 골짜기가 둘러싸여 맑은 개울이 흐른다. 폭포가 떨어지는 깊은 웅덩이 용추가 있는 곳에 마음을 씻는 세심대가 있고, 여덟 명의 선녀가 내려와 목욕했다고 하는 팔선대 등이 있다. 아마도 옛날 은둔해 있던 군자가 소박한 도시락을 싸고 와서 즐겼던 곳일 것이다.

서재의 이름을 '경은耕隱'이라고 지은 것은 밭 갈며 은거한다는 뜻이다. 권용보는, 자신의 본성이 본래 우활하고 강직하여 세속과는 다른 것이, 마치 농부가 봄을 알리면 봄비가 막 그치는 것 같다고 하였다. 자신의 성정이 농부의 그것과 비슷하다는 취지이다. 산비둘기 울음에 시를 짓고, 뽕나무와 삼을 심고, 느릅나무와 버드나무 그늘에서 자유롭게 쉴 수 있다. 들판에 풍년을 만나고 누런 국화가 피어나면, 손님을 맞이하여 술을 기울일 수 있다. 이렇게 유유자적하게 소요하면서 진리를 기르면, 욕심 없는 마음이 저절로 생겨나서 명예와 이익을 따르지 않게 된다고 하였다.

(4) 『숙흥야매잠夙興夜寐箴』

『숙흥야매잠』은 단권單券으로 소재穌齋 노수신盧守愼(1515–

1590)이 작성한 것이다. 『소재집蘇齋集』에는 「소재선생내집하편구새록갑일穌齋先生內集下篇懼塞錄甲一」〈숙흥야매잠夙興夜寐箴〉과 「소재선생내집상편초창록이穌齋先生內集上篇草創錄二」〈숙흥야매잠해초본왕복취사본초숙흥야매잠자夙興夜寐箴解初本往復取舍本草夙興夜寐箴者〉 두 가지가 실려 있다. '隆慶二年十二月印'이라는 기록이 있는 것으로 보아 1568년 12월에 인출한 것으로 보인다. 맨 뒤에 "전하께서는 저의 참람함을 용서하시고 저의 우둔함을 불쌍히 여기시면 이루 말할 수 없는 다행이겠습니다. 충청도 관찰사 노수신은 상소하여 임금께서 정사를 다스릴 때에는 반드시 먼저 뜻을 세우시기를 간절히 말씀드리면서 이 책을 올립니다.[殿下赦其僭, 而矜其愚【臣】, 不勝幸甚. 忠清道觀察使盧守愼上疏極論, 人君爲治, 必先立志, 且進是書.]"라고 하는 기록이 있다. 그러므로 이 책은 노수신이 선조宣祖 임금에게 올리려고 만든 것이라고 할 수 있다.

그런데 이 책 안에는 『심경부주心經附註』 일부가 실려 있다. 『심경부주』는 명나라 정민정程敏政(1445–1499)이 남송南宋의 진덕수陳德秀(1178–1235)가 지은 『심경心經』에 주석을 붙여 편집한 책이다. 『심경』은 마음공부와 관련된 내용들을 사서삼경과 송대 학자들의 글에서 뽑아, 그 아래 송대 학자들의 학설을 주석으로 단 것이고, 여기에 정민정이 주를 보탠 것이 바로 『심경부주』이다.

소재 노수신은 『숙흥야매잠』에 대한 상세한 주해를 작성하였다. 소재는 『숙흥야매잠』을 원나라 학자 외재畏齋 정단례程端禮(1271–1345)의 『독서분년일정讀書分年日程』을 통해 접한 것으로 추정

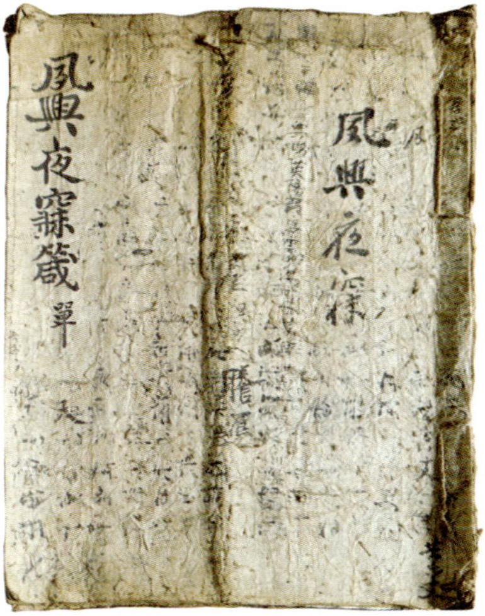

『숙흥야매잠』

되는데, 퇴계 이황과 하서 김인후 등과의 서신 교환을 통해 주해 작업을 완성하였다. 퇴계가 『성학십도聖學十圖』를 편찬하면서 그 내용을 반영한 것에서도 알 수 있는 것처럼, 「숙흥야매잠해夙興夜寐箴解」는 조선의 공교육과 사교육이 주자학을 기준으로 구축되어 가는 데 영향을 끼쳤다고 할 수 있다.

3) 교지들

회곡종가에는 다수의 교지敎旨가 남아 있다. 교지와 관련하여 대표적인 인물로 권춘란은 물론, 권세전과 권국관 등을 들 수 있다. 권세전權世銓(1676-1706)은 자가 방형邦衡, 본관이 안동安東이다. 황해도 관찰사黃海道觀察使·공조 참판工曹參判·성균관 대사성成均館大司成·개성부 유수開城府留守 등을 역임하였다. 권세전의 부친인 권태정權泰精은 승의랑承議郎을 역임하였다. 권세전의 배우자는 영천이씨永川李氏이고, 슬하에 권두하權斗夏를 아들로 두었다. 권국관權國觀(1711-1791)은 자가 유빈幼賓, 본관이 안동이다. 1762년(영조 38) 식년시 생원 3등 7위를 하였다. 부친은 권후權珝이다.

이 밖에 회곡종가에는 『안동권씨별장공파安東權氏別將公派』 족보와 『세사록世仕錄』 등의 고서가 남아 있다.

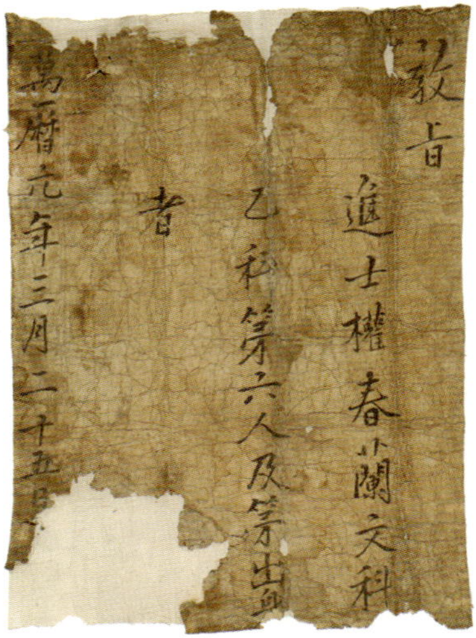

教旨
進士權春蘭文科
乙科第六人及第出身
者
萬曆元年三月二十五日

진사 권춘란을 문과 을과 제6인 급제 출신자로 제수하는 교지
(한국국학진흥원 소장, 안동권씨 별장공파 회곡고택 기탁자료)

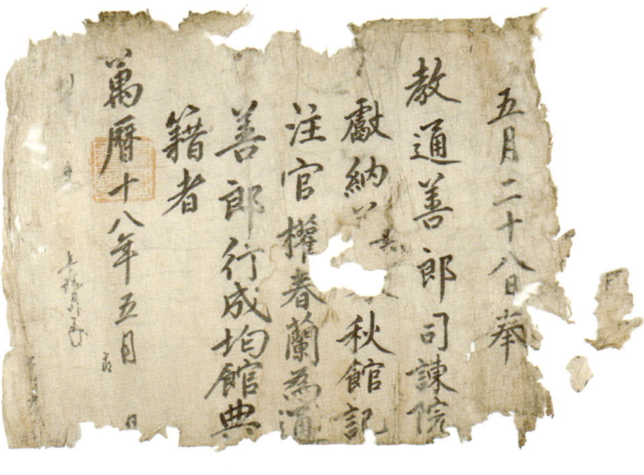

五月二十八日奉
教通善郎司諫院
獻納兼春秋館記
注官權春蘭爲通
善郎行成均館典
籍者
萬曆十八年五月 日

통선랑 사간원 헌납 겸 춘추기주관 권춘란을 통선랑 행 성균관 전적으로 제수하는 교지
(한국국학진흥원 소장, 안동권씨 별장공파 회곡고택 기탁자료)

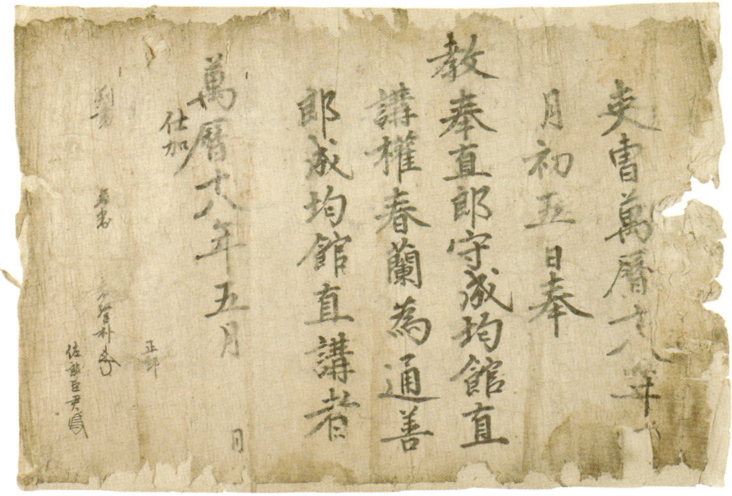

吏曹萬曆十八年
月初五日奉
教
奉直郎守成均館直講權春蘭為通善郎成均館直講者
萬曆十八年五月 日

봉직랑 수 성균관 직강 권춘란을 통선랑 성균관 직강으로 제수하는 교지
(한국국학진흥원 소장, 안동권씨 별장공파 회곡고택 기탁자료)

教旨
權世銓為通政大夫者
康熙四十五年九月初九日

권세전을 통정대부로 제수하는 교지(회곡종가 종손 권재욱 제공)

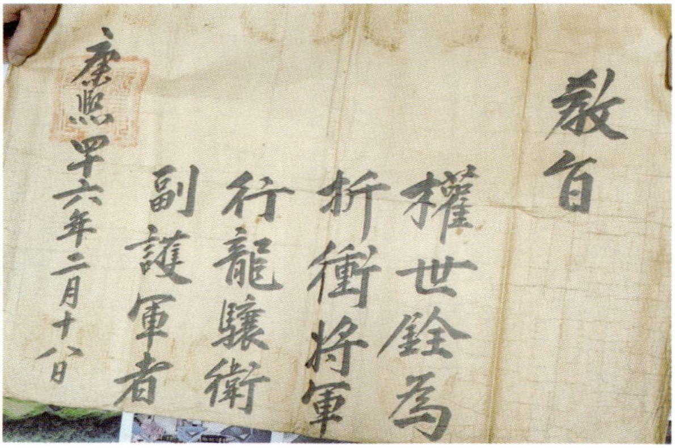

教旨
權世銓爲
折衝將軍
行龍驤衛
副護軍者
康熙卌六年二月十八日

권세전을 절충장군 행 용양위부호군으로 제수하는 교지(회곡종가 종손 권재욱 제공)

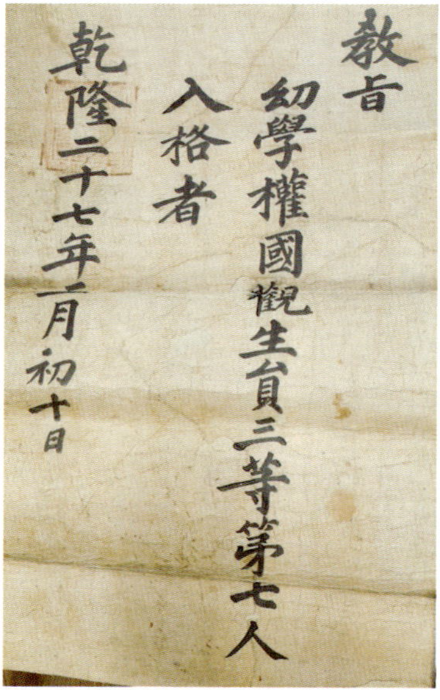

教旨
幼學權國觀生員三等第七人
入格者
乾隆二十七年二月初十日

권국관이 생원 3등 제7인으로 입격한 교지(회곡종가 종손 권재욱 제공)

敎旨
權國觀爲
折衝將軍
僉知中樞
府事者
...五年 月 日

권국관을 절충장군 첨지중추부사로 제수하는 교지(회곡종가 종손 권재욱 제공)

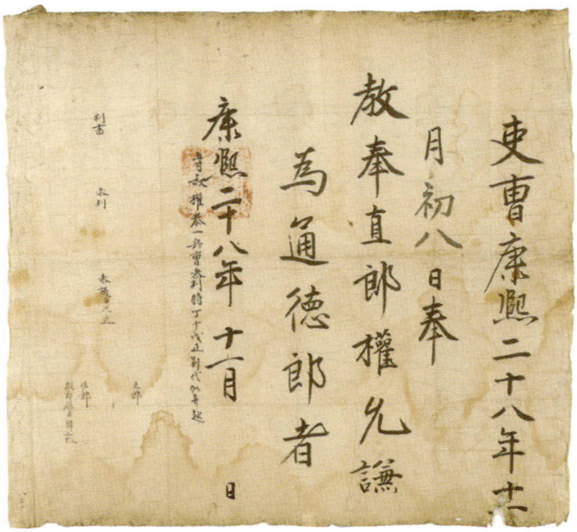
吏曹康熙二十八年十一
月初八日奉
敎奉直郎權允謙
爲通德郎者
康熙二十八年十一月 日

봉직랑 권구에게 통덕랑을 겸직하게 하는 교지
(한국국학진흥원 소장, 안동권씨 별장공파 회곡고택 기탁자료)

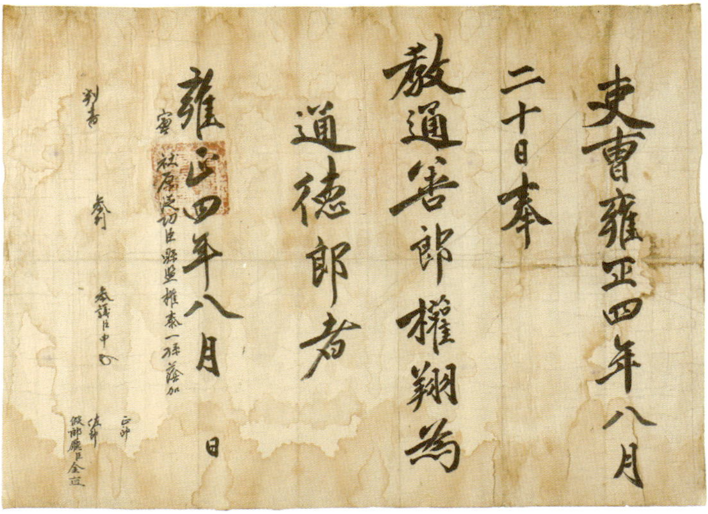

吏曹雍正四年八月二十日奉
教通善郎權翔為
通德郎者
雍正四年八月 日

통선랑 권상을 통덕랑으로 제수하는 교지
(한국국학진흥원 소장, 안동권씨 별장공파 회곡고택 기탁자료)

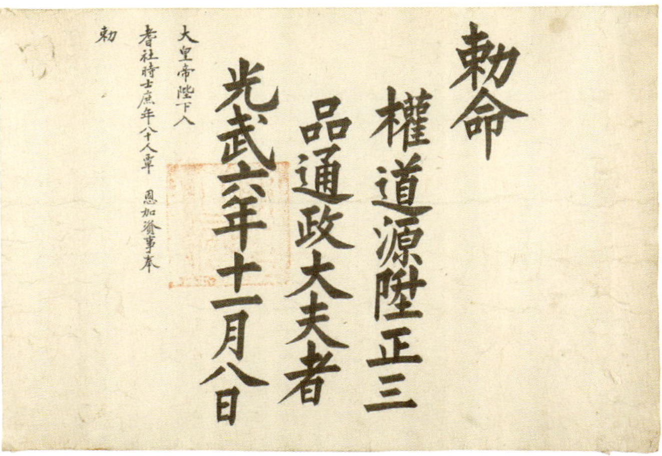

勅命
權道源陞正三
品通政大夫者
光武六年十一月八日

권도원을 정3품 통정대부로 승진시키는 칙명
(한국국학진흥원 소장, 안동권씨 별장공파 회곡고택 기탁자료)

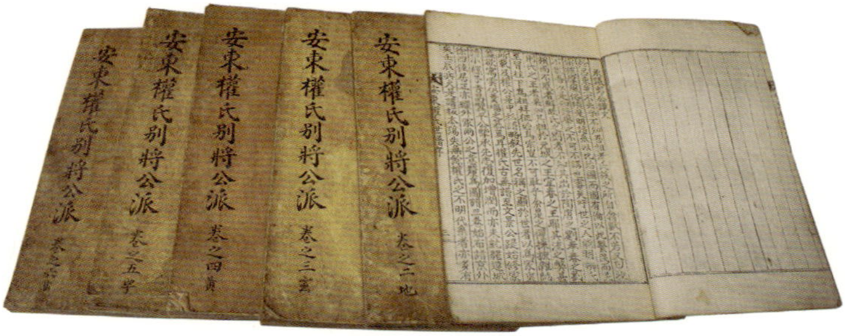
安東權氏別將公派
安東權氏別將公派
安東權氏別將公派
安東權氏別將公派
安東權氏別將公派

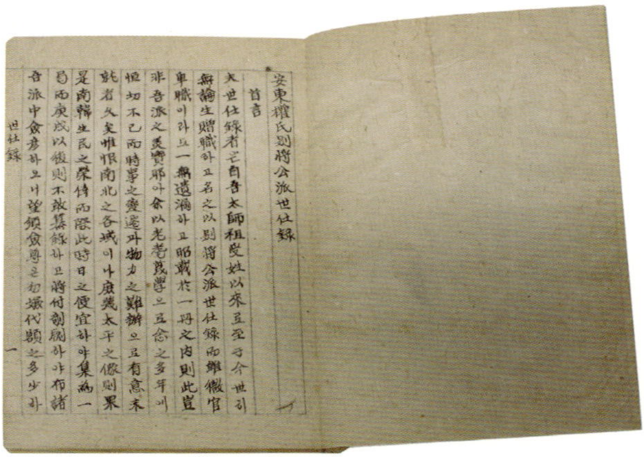
安東權氏別將公派世仕錄
首言

족보와 세사록

2 회곡종가의 건축문화

회곡종가의 대표적인 건축문화는 회곡고택과 사당인 세덕사이다. 세덕사는 현재 고택의 약간 아래쪽에 있다. 원래 세덕사는 고택 옆에 있었다고 하는데, 영조 연간 어느 때에 그 자리를 옮겼다고 한다. 대청에 '회곡고택晦谷古宅'이라는 현판이 눈에 띈다. 회곡고택에 가면 경상북도 민속자료 제79호의 안내문을 볼 수 있다.

이 건물은 조선 중기의 문신인 회곡晦谷 권춘란權春蘭(1539-1617)이 만년에 머물러 살던 곳이다. 회곡 선생은 안동사람으로 퇴계退溪 이황李滉의 문하에서 학문을 익히고 22세에 사마시司馬試를 거쳐 사간원 정언司諫院正言, 홍문관 교리弘文館校理, 춘추관 편수관春秋館編修官 등을 역임하고 청송 부사青松

회곡고택

府使를 지냈다. 그는 임진왜란 당시에는 의병으로 활동하였고 청송 부사에서 물러난 다음부터는 벼슬을 멀리하고 학문에만 전념하였다.

선생은 뒤를 이을 아들이 없어 동생인 권춘계權春桂의 큰아들인 권태일을 양자로 삼았는데, 이 집은 권춘계 선생이 임진왜란 전에 건립한 것으로 추정된다. 이 건물은 정침正寢과 사당이 남아 있는데, 정침은 정면 5칸, 측면

▲▼ 세덕사

5칸의 'ㅁ' 자형으로 안대청 창틀에 고식古式의 중간설주가 남아 있어 처음 건립 때의 흔적을 엿볼 수 있다. 사당은 원래 정침 오른쪽 뒤에 있었으나 조선 영조英祖 14년(1738) 현 위치로 옮겼다고 한다.

세덕사는 회곡 선생을 모시는 사당이다. 불천위 고위考位 신주와 비위妣位 신주가 독櫝에 모셔져 있고, 회곡 선생이 통선랑通善郞 성균관成均館 직강直講으로 제수되는 교지 복사본이 걸려 있다. 세덕世德은 모시는 분의 덕을 대대로 계승하기를 바라는 뜻을 담고 있다고 할 수 있다.

영양의 회곡종가와 관련된 또 다른 건축물은 남경대攬景臺와 경산정畊山亭이 있다. 입암면에 있는 남경대는 1615년(광해군 7) 용담龍潭 권지權誌(1567~1637)가 창건하고, 아들 번곡樊谷 권창업權昌業(1600~1663)이 물려받아 별서別墅로 삼았으며, 다시 손자 산택재山澤齋 권태시權泰時(1635~1719)가 건물을 중건하여 학문을 연구하고 후학을 양성하는 강학처로 삼은 곳이다. 번곡과 산택재 부자는 퇴계학파로서 남경대를 영남 사림과 교유하는 장소로도 사용하였다. 남경대는 1916년에 중건하였고, 일제강점기와 해방 이후의 혼란기를 거치면서 훼손된 것을 1933년에 다시 중건하여 현재의 모습에 이르고 있다.

용담은 임진왜란을 당해 산해리山海里 후평後坪으로 피난을 왔는데, 그때 화개산華蓋山 끝자리에 나지막이 솟은 초래봉의 돈대를 눈여겨보아 두었고, 영해 도호부사로 부임한 장곡 권태일이 건축비를 부담하며 권유하여 정자를 짓게 되었다고 한다. 용담

남경대

은 1615년 정자가 완공되자 빼어난 경치를 가진 돈대의 의미를 담아 정자의 이름을 "경치를 감상하는 대"라는 뜻으로 '남경대攬景臺'라고 짓고, 20여 년간 머물면서 선비들과 교유하며, 후학을 양성함으로써 남경대가 있는 곳이 "선비가 은거한 마을"로 알려지게 했다. 산택재 권태시의 시가 남아 있다.

남경대에 올라 느낌이 있어[登攬景臺有感]

무너진 담장과 깨진 주춧돌 잡초에 덮이고	頹垣破礎沒蒿蓬
저녁 햇살 받은 풍경 눈에 가득하네	滿目風烟夕照中
내가 다시 무너진 정자를 지으려 하는데	我欲肯堂重起廢
노주 공이 계시던 곳 어딘지 모르겠네	不知何處有蘆翁

노주 공이 단구를 지킬 때, 조고祖考를 위하여 남경대에 초옥 몇 칸을 지었다. 지금 옛터가 여전히 남아 있기 때문에 읊는다.[蘆洲公守丹邱時 爲祖考構草屋數間於攬景臺 今遺址尚在故云爾]

-『山澤齋文集』 권1, 詩, 「登攬景臺有感」

경산정은 권용보權龍普의 정자이다. 권용보가 46세 되던 해인 1896년에 경산정을 건립하였으며, 스스로의 몸가짐을 신중히 하고 밖으로 드러내지 않는 자기 수양의 공간으로 삼았다. 현재 건물 안에는 '경산정畊山亭'이라는 편액이 걸려 있다.

경산정

제6장

전통 가풍과 현대적 변용

1 가풍 전승을 위한 교육 철학

문: 부모님에 대한 소개를 부탁드립니다.

답: 아버지께서는 교통사고로 일찍 돌아가셨습니다. 살아생전엔 늘 하시는 말씀이 '반보 양보하고 살아라, 경조사에는 부조를 받았으면 꼭 해라, 부조했다고 받을 생각 말아라.' 등등 얘기를 하셨으며, 조상 일에 열심히 하셨고, 정도를 걸으시고 깨끗하고 힘찬 분이셨습니다.

종손은 부모님의 말씀을 계승하여 슬하에 있는 두 딸과 아들에게 조상을 섬기는 일을 열심히 하게끔 독려하는데, 특히 구전으로 전해 들은 것들을 이야기해 주고, 종손으로서 아버지가 하는 일에 토를 달지 말 것을 부탁한다고 한다. 다만 시간이 흐르면서 요즘의 젊은 사람들이 조상을 섬기는 일에 관심이 없다는 점을 안타깝게 생각하고 있다. 왜냐하면 머지않은 장래에는 봉제사와 접빈객 등 한국 고유의 문화가 사라지게 될 것이기 때문이다. 그러므로 이러한 문화를 개인이 지켜 나가는 것도 중요하지만, 국가와 사회 차원에서 지켜 나갈 수 있는 유무형의 도움이 필요하다고도 말한다.

문: 종가만의 자랑이 있다면, 혹은 불천위를 모시는 정신으로 강조하는 점이 있다면, 어떤 것이 있는지요? 그리고 그것을 어떻게 이어 나가고 계시는지요?

답: 회곡 선생은 자기를 내세우지 않았어요. 호가 회곡이잖아요. 어두울 회晦, 골 곡谷. 장곡 선생 또한 감출 장藏, 골 곡谷.

회곡晦谷은 권춘란의 아호雅號이고, 장곡藏谷은 그의 후사後嗣인 권태일의 아호이다. 조선의 유학사에서 볼 때, '회晦'라는 글자는 중국 송나라의 학자로 성리학을 집대성한 주희朱熹(1130–1200)의 호와 관련이 있다. 주희는 북송의 다섯 군자인 염계濂溪 주돈이周敦頤·횡거橫渠 장재張載·명도明道 정호程顥·이천伊川 정이程頤·강절康節 소옹邵雍의 학문을 집대성하여 성리학의 학문적 체계를 마련한 인물이다. 요컨대, 회晦라는 글자를 아호로 삼은 것은 주희의 학문을 계승하겠다는 것을 의미한다고 할 수 있다. 이하는

『회곡선생문집』 권1에 수록된 오언시 중 일부이다.

회암晦庵

회암은 존경하는 스승	晦庵謹師傅
한마디 말로 밝은 가르침 주셨네	一語垂明敎
선생 돌아가신 지 몇 년 흘렀던가	梁頹幾歲月
가슴에 새겼으나 조금도 본받지 못하였네	服膺無寸效

그다음은 회암 주희의 학문을 존숭하여 자신의 호를 회헌晦軒으로 선택한 안향安珦(1243-1306)과 회재晦齋로 선택한 이언적李彦迪(1491-1553)을 생각해 볼 수 있다. 안향의 원래 이름은 안유安裕였지만 노년에 이름을 안향으로 개명하였는데, 『주자대전朱子大全』을 직접 필사하여 고려로 가지고 와서 성리학을 우리나라에 최초로 소개하고 전파하였던 인물이다. 젊은 시절 그가 머물며 공부했던 숙수사宿水寺 터에 1543년에 우리나라 최초의 서원이 건립되었고, 1550년에 이 서원이 소수서원紹修書院이라는 편액을 사액賜額으로 받은 것도 이와 관련된다.

이언적은 조선의 성리학자로 퇴계 이황 이전 손숙돈孫叔暾, 조한보曺漢輔 등과 함께 무극태극논변無極太極論辨을 벌이는 한편, 이기론理氣論에 천착하였다. 그래서 이후에 사단칠정논변四端七情論辨과 인심도심논변人心道心論辨 등으로 성리학의 너비와 깊이가 확장되는 계기를 마련해 주었다. 요컨대, 회晦라는 글자를 아호로 삼은 것은 조선의 성리학과 직접적인 관련성을 지닌다고 할 수 있다.

종가에서는 회晦라는 글자가 회암이라는 주희의 아호에서 따온 것이라고 한다. 그리고 회晦라는 글자가 그믐을 뜻하는 동시에 어둡고 캄캄한 상태를 의미하고, 이는 자신의 학문이 아직 밝지 못하다는 겸양의 의미를 담고 있다고 하였다. 장곡藏谷이란 아호 또한 회곡과 마찬가지로, 자신의 학문적 포부를 지니면서도 밖으로 자랑하지 않으려는 겸양의 의미를 포함하고 있는데, 이는 회곡과 같은 마을에 거주하면서 부친의 뜻을 따르겠다는 의미를 담고 있다고 하였다.

또 종가에서는 『주역』「계사전」의 "인에 드러나며 용에 감추어져 만물을 고무하되 성인과 함께 근심하지 않으니, 성덕과 대업이 지극하다.[顯諸仁, 藏諸用, 鼓萬物而不與聖人同憂, 盛德大業至矣哉.]"라는 구절을 제시한다. 그러면서 『공문언인록孔門言仁錄』을 근거로 하여, 회곡이 인仁을 중시하였고, 장곡이 그것을 감추며 일상생활에서의 실천을 중시한 점을 고려해야 한다고도 하였다.

그런데 김굉金硡이 작성한 「회곡선생문집후서晦谷先生文集後序」에는 "회라는 글자로 골짜기의 이름을 짓고, 그 골짜기에 몸을 숨기셨다. 일찍이 학문이 아직 닦이지 않고 도가 아직 이루어지지 않아 소인으로 돌아감을 면하지 못할까를 걱정하셨다.[晦以名谷, 谷以藏身, 嘗歎學未修, 道未成, 而不免爲小人之歸.]"라는 글귀가 있다. 학문이 부족하고 도리에 밝지 못하다는 겸양의 자세를 가지고 군자가 되려고 했던 점을 말하고자 한 것이다. 이상과 같다면, 회곡과 장곡이 서로를 계승한다는 측면에서 그 호의 의미는 서로 밀접한 관련이 있음을 알 수 있을 것이다. 종가는 권춘란과 권태일 두 선조의 뜻을 기리기 위해 유물관과 유허비 건립을 추진하고 있는데 여기에 그 비문과 취지문을 싣는다.

조선의 유학자 권춘란 유허비

회곡, 천하에 오직 한 사람뿐이었네. 세상에 참 선비 출현했는데, 신선의 풍모 매우 뛰어나네. 과거에 합격해 출사하였고, 예문관·홍문관을 거쳤네. 붓으로 포폄褒貶이 명확했고, 상소문이 신하 중에 뛰어났네. 사간원에서 논의가 정당했고, 사헌부에 새 기강을 세웠네. 급한 시류에 먼저 물러났고, 조야 오가며 뜻 더욱 펼쳤네. 산림을 사랑할 줄은 알지만, 누구 경륜經綸의 뜻을 지녔으리. 가슴속의 회포는 깨끗하였고, 적막한 물가는 맑고 고상하네. 행하고 남은 힘으로 도道를 배워, 즐기며 가난을 편히 여겼네. 영남에 고고한 절개 우뚝했고, 천하에 오직 한 사람뿐이었네.

- 박승朴承의 권춘란權春蘭을 애도하는 만장挽章에서

권춘란(1539-1617)의 본관은 안동安東, 자는 언회彦晦, 호는 회곡晦谷이다. 경상북도 안동시 와룡면 가구리에서 출생했다. 부친은 권석충權碩忠이고, 모친은 함창김씨咸昌金氏 김원석金元錫의 딸이다. 천성이 순수하고 맑았고, 용모가 희고 총명하여 마치 얼음으로 만든 투명한 호리병이나 옥玉과 같았다. 14세에 백담栢潭 구봉령具鳳齡의 문하에서 수학하였다. 백담은 권춘란의 학문에 대한 태도를 북송北宋의 "정문입설程門立雪"에 비유하였다. 퇴계退溪 이황李滉 문하에서 학문을 배웠고, 퇴계 문인인 서애西厓 류성룡柳成龍, 학봉鶴峯 김성일金誠一, 우복愚伏 정경세鄭經世, 송암松巖 권호문權好文, 한강寒岡 정구鄭逑 등과 교유하였다. 23세 때 사마시司馬試에 합격한 후 여러 관직을 역임했다. 예문관 검열藝文館檢閱, 사헌부 감찰司憲府監察, 사간원 정언司諫院

正言, 사헌부 집의司憲府執義, 세자시강원 보덕世子侍講院輔德, 영천 군수永川郡守와 청송 부사青松府使 등을 역임했다. 내직에서는 의리義理를 논변하고 시비是非를 가림에는 일도양단一刀兩斷과 같았고, 청렴결백한 지조가 사람들에게 칭송되었다. 외직에서는 백성들의 삶 안으로 들어가 백성을 친근하게 대하면서 백성을 돌본다는 "평이근민平易近民"을 좌우명으로 삼고, 늘 책상 위에는 『심경心經』, 『근사록近思錄』을 두고 시간 날 때마다 읽으면서 경계하고 반성하였다. 54세 때에는 왜군이 침입하자 평민의 신분으로 안동에서 김윤명金允明 의병에 참여하였다. 권춘란은 고향에 돌아와서는 감원정사鑑源精舍에서 학문을 닦으면서 후학을 배양했다. 육경六經과 사서四書, 제자백가의 서적 등을 두루 읽었고, 특히 『역경易經』을 좋아했다. 선생은 중中 한 글자를 벽에 붙여 놓고 아침저녁으로 희로애락喜怒哀樂 미발未發 기상에 침잠沈潛하였는데, 정중靜中 함양涵養 공부에 얻은 바가 있었다. 말년에는 퇴계의 『성학십도聖學十圖』를 창의적으로 계승하면서 인사人事를 중심으로 각종 도식을 재구성하고 경서의 이해를 돕기 위해 『진학도進學圖』를 찬술했고, 남송南宋 남헌南軒 장식張栻이 유類끼리 모은 뜻을 본받아 공자의 말씀 중에 인仁에 대한 구절을 모아서 『공문언인록孔門言仁錄』을 남겼으나 편집을 끝내지는 못했다. 백담에게 올린 「상례문목喪禮問目」에서는 예학禮學에 관한 조예를 보여 주고 있다. 그가 임종하면서 "이 몸이 죽어 승화하여 본원으로 돌아가니, 다시금 또 무슨 한이 있으랴."라고 남긴 말은 당시 유림 사회에 회자되었다. 주계서원周溪書院, 여강서원廬江書院, 삼계서원三溪書院, 용산서원龍山書院에 배향되었고, 문집으로 후손 권엽權曄이 편집 간행한 『회곡집晦谷集』이 있다.

조선의 선비 장곡 권태일 유허비

장곡, 그대는 참 선비였네. 선비를 가늠하는 데는 방법이 있으니, 반드시 그 처한 때를 보는 거라네. 다스려질 때에는 재능을 발휘하고, 위태로운 조정에선 불의와 타협하지 않았다네. 고요하고 깊도다. 우리 권 공權公. 타고

난 자질이 두텁고도 명철했고, 뜻이 독실하여 의로움을 지켰네. 백성을 위한 일은 여사이었네. 세상 사람 모두 똥을 찍어 먹으매, 날아들지 아니하고 빙빙 돌았네. 손을 씻고 홀로 맑게 지냈고, 마음은 고요하고 편안했다네. 사람들 모두 권세가에 빌붙었지만 상대가 공을 얽어매지 못하였네. 진실하고, 진실하다. 우리 권 공, 군자의 올바름을 제대로 지켰구나. 후세 그 누가 비견할 수 있겠는가! 나라에는 올바른 역사서가 있으니, 명銘에는 아름다운 행적 다 아니 썼네.

– 청음淸陰 김상헌金尙憲의 권태일權泰一 선생의 신도비명神道碑銘 중에서

권태일權泰一(1569-1631)의 본관은 안동이고, 자는 수지守之이고, 호는 장곡藏谷 또는 노천蘆川이다. 안동군 와룡면 가구리에서 태어났다. 생부는 내시교관內侍敎官을 지내고 이조 판서吏曹判書에 추증된 춘계春桂이며 어머니는 경주손씨慶州孫氏 손봉孫芃의 딸이다. 백부 회곡晦谷 선생에게 입후立後되었다. 권태일은 부친을 따라서 백담栢潭 구봉령具鳳齡 문하에서 배웠는데, 문변問辯을 통해서 크게 깨우쳤다. 이후에는 유일재惟一齋 김언기金彦璣 선생에게 배웠다. 선생은 매일 행한 일을 장부에 적어놓고 아침저녁으로 성찰하고 경계하면서 일상에서 태도와 행실操行을 독실하게 했다. 서애西厓 류성룡柳成龍이 선생의 글을 높이 평가하면서 문예文藝로도 명성을 얻었다. 권태일은 학문에 뜻을 두었지만, 아버지의 명에 따라 과거 시험에 응하였다. 23세에 사마시에 급제하였다. 이때 학봉鶴峯 김성일金誠一이 선생을 한 번 보고서는 사위로 삼았다. 31세에 대과에 급제한 후 시강원 설서侍講院說書, 승정원 주서承政院注書, 이조 정랑吏曹正郎, 사헌부 집의司憲府執義, 내직으로는 홍문관 응교弘文館應敎, 형조 참판刑曹參判 등을 역임했고, 외직으로는 삼도 어사三道御史, 풍기 군수豐基郡守, 경주 부윤慶州府尹, 영해 부사寧海府使, 전주 부윤全州府尹, 전라도 관찰사全羅道觀察使 등을 역임하였다. 내직에서는 성실하고 신의가 있었고, 옳은 바는 반드시 실천했다. 이이첨李爾瞻이 권좌에 있을 때 온갖 협박과 유혹을 했지만 선생은 굴하지 않았다. 선생은 “선비는 먼

저 뜻을 세워 바깥 사정에 흔들리거나 굴복하지 않아야 하고, 항상 학문과 정신의 경지를 높여서 구름과 하늘 위에 있게 해야만 한다."라고 하였다. 당시 조정에서는 선생을 '단아한 선비'라고 칭하였다. 그리고 외직에서는 엄嚴과 화和로 다스렸는데, 죄인들도 선생의 덕에 감화되어 착한 백성이 되었다. 특히 학교의 일을 중시하면서 청년들을 모아 친히 강독하면서 문풍文風을 일으켰다. 1628년(인조 6)에는 접반사接伴使로 가도椵島(평안북도 철산군 백량면에 속한 섬)에 갔다. 가도는 험한 지역이라 이 섬에 파견되는 것을 기피했지만, 선생은 명을 받고 즉시 가도로 떠났다. 이곳에서 선생은 명明나라 장군 황 도독黃都督을 맞아 노획虜獲의 공을 세웠다. 황 도독은 선생이 병이 나자 의원과 약품을 보내주었다. 선생의 가마가 정주定州에 이르렀을 때, 급환으로 임종하였다. 이때에도 나랏일만 걱정했다. 임금께서 부고를 듣자 탄식하고 애도하면서 관원을 파견하여 초상 치르는 일을 돕도록 했다. 문집으로 1860년(철종 10)에 김도명金道明이 편집·간행한 『장곡문집藏谷文集』이 있다. 문집에는 예학에 관한 문제를 논한 「홍문관논묘제차弘文館論廟制箚」와 한강寒岡 정구鄭逑에게 백고비伯考妣의 복제服制에 대하여 질의한 「상한강선생문목上寒岡先生問目」이 실려 있다.

유물관 건립에 즈음하여

회곡晦谷 권춘란權春蘭과 장곡藏谷 권태일權泰一 선생은 퇴계학을 계승하였고, 백담栢潭 구봉령具鳳齡 문하에서 학문을 배운 유학자이다. 두 선생이 활동하던 16~17세기 조선은 내부적으로는 사화士禍로 갈등과 불신이 팽배하고, 외부적으로는 일본과 청나라의 침입을 받아 풍전등화의 위기에 처해 있었다. 두 선생은 모두 조정에 나아가서는 절개를 잃지 않았고, 생명의 위험을 불사하면서 국익을 도모하였고, 관직에서 물러나서는 향촌 사회의 질서를 세우고 후학을 양성하기 위해 노력하는 등 조선 유림儒林의 사표師表로서 지대한 발자취를 남겼다.

이에 회곡과 장곡 선생의 삶과 학문을 기리고, 두 선생의 정신적 유산이

현대인에게는 자신의 마음을 비쳐 볼 수 있는 보배로운 거울이 되고, 가정에서는 효성과 우애를 기를 수 있는 자양분이 되고, 이웃 간에는 사랑과 배려를 실천할 수 있는 가르침이 되고, 국가에는 정의와 충절을 본받을 수 있는 모범이 되고, 세계에는 공존과 평화의 빛이 되기를 바라면서 2024년 11월 20일 박사 권상우가 쓰고 13대 종손 권재욱이 세우다.

종손 권재욱은 현재 경상북도 구미시에서 송정유치원을 운영하고 있고, 권상우 교수는 현재 계명대학교 철학과 교수로 재직중이다. 고향을 사랑하고 문중의 번영을 염원하는 그들의 노고는 지속되고 있다. 회곡과 장곡 그리고 그 후예들의 효제충신이 유훈으로 남아 계승되고 있는 것이다.

전통 가풍과
현대적 변용

2 종손의 고향 사랑과 문중을 위한 노력

회곡 가문의 불천위 제사는 음력 8월 15일 추석 당일 오후 2시에 지낸다고 한다. 이렇게 시간을 조정한 것도 30년이 넘었다고 한다. 예전에는 함께 사는 사람들이 많아 집집마다 돌아가면서 차례를 지내고 사당 제사를 제일 마지막에 함께 드렸는데, 세상이 바뀌고 또 집안사람들이 이사를 가기 시작하면서 제사 문화가 많이 바뀌었다고 한다.

지난해까지는 종가에서 제물과 제식 등을 마련하였는데, 상황이 좋지 못하여 올해부터는 문중에서 준비하고 있다고 한다. 이른바 대처인 안동에서 준비해서 온다는 것이다. 음식 가운데 꼭 올리는 것은 유과油菓와 약과藥菓이고, 희생犧牲은 생육生肉이 아

유물관

니라 수육[熟肉]을 올린다고 한다. 50~60년 전에는 가양주를 만들었는데, 지금은 그것도 기억 저편으로 사라지고 있다고 한다.

> 우리 사당 뒤에 가면 땅이 조금 남아 있어요. 작기는 하지만 동네에 공원公園을 조성하려고 해요. 계획서를 대략 만들어 놓았는데, 회곡 할배와 장곡 할배의 비석을 세우려고 해요. 3천만 원 정도 마련해 두고 있어요. 이 공원을 만드는 것은 후손을 위해서만이 아니라, 동네 사람들의 축제문화를 위한 것이기도 해요.
>
> 회곡 할배도 그렇고 장곡 할배도 매우 효자라고 할 수 있어요. 두 분 다 부모님이 돌아가셨을 때, 시묘살이하면서 거의 죽을 뻔했다고들 해요. 국가가 위급할 때는 의병으로 나가서 국가와 백

성을 위해 충성을 다하고, 집에 들어와서는 부모와 형제를 위해 효제를 다한 것이에요. 우리는 충효라는 선비정신을 미래에 계승시켜야 해요.

우리 회곡 할배는 제자들을 많이 가르쳤잖아요. 저도 교육자로서 유치원을 운영하고 있고, 우리 아들도 유아교육학과를 나왔는데, 대학원도 유아교육을 전공하여 졸업했어요. 우리 부자父子도 회곡 할배처럼 아이들을 가르치는 것이라고 할 수 있어요.

이처럼 종손은 종가 문화와 제사를 지역민들과 어울리거나 함께하는 방식으로 계승하는 것이 좋겠다고 이야기했다. 예를 들어 소공원 같은 곳을 마련하여, 제사를 지낸 후에 지역민들과 제사 음식을 함께 나눠 먹는 것이다. 한 문중에게 국한된 것이 아니라, 한 고을의 문화로 확장되고자 한 것이다. 또 불천위 사당 역시 젊은이들이 관람할 수 있게 하고자 한다. 이러한 종손의 생각은 종가 문화의 계승이라는 과제에 대한 답안이 될 수 있을 것이다.

권춘란의 자는 언회彦晦, 호는 회곡晦谷으로 안동에 거주하였다. 가정 기해년(1539)에 태어났는데, 천성은 순수하고 차분했으며, 용모는 희고 밝았는데 얼음으로 만든 투명한 호리병 같았다. 35세에 과거에 급제하여 청환淸宦과 현직顯職을 역임하였다. 처음에는 백담栢潭을 스승으로 모셨는데, 뒤에 퇴계 선생의 문하에 종유從遊하였다. 경전에 침잠하였는데, 역학을 더욱 좋아하였고, 어버이를 섬길 때에는 효도를 다하였고, 어버이가 돌아가신 뒤에

회곡 선생과 장곡 선생의 유허비 예상도(회곡종가 종손 권재욱 제공)

는 벼슬에 뜻을 두지 않고, 꽃과 나무를 심는 것을 좋아하여 밥 먹는 것도 잊을 정도였다. 선조宣祖 임금이 가까이 있는 신하들에게 "권 아무개가 벼슬을 즐거워하지 않은 것은 나와 더불어 큰일을 하기에 부족하다고 생각해서인가?"라고 하였다. 자리 한쪽에 '중中' 자를 써서 걸어 두고 아침저녁으로 돌아보았으며, 79세에 졸하였다. 그가 지은 「진학도進學圖」와 「공문언인록孔門言仁錄」은 집안에 소장되어 있다. 관직은 사간에 이르렀다.【『해동명신록海東名臣錄』에서는 "공이 어려서 『효경』을 읽고, '이 책을 읽었는데도 읽지 않은 것과 같게 산다면, 사람이 아니다.'라고 하였다."라고 하였다. 한때 『주역』의 괘효卦爻를 그렸는데, 부친이 "이것은 대인의 학문이기에 네가 이해할 수 있는 것이 아니다."라고 하자, 공이 무릎을 꿇고 "저는 대인의 뜻을 흠모합니다."라고 했다고 한다.】

[『晦谷先生文集』「溪門諸子錄」: 權春蘭, 字彦晦, 號晦谷, 居安東. 生於

종손의 고향 사랑과 문중을 위한 노력(회곡종가 종손 권재욱 제공)

嘉靖己亥, 天性純靜, 容貌白晳如氷壺洞澈. 三十五登第, 歷敭淸顯. 初師栢潭, 後遊先生之門. 潛心墳典, 尤喜易學, 事親盡孝, 親沒無意仕宦, 蒔花種木, 樂而忘食. 宣廟謂近臣曰: "權某不樂仕, 豈以予爲不足與有爲?" 座隅書狷'中'字, 朝夕顧諟, 年七十九而卒. 所著「進學圖」·『孔門言仁錄』藏于家. 官至司諫.【『海東名臣錄』, "公幼時讀『孝經』曰: '讀此而如不讀者, 非人也.'" 時取周易效卦畫, 父曰: "此大人學, 非汝可解." 公跪曰: "兒竊慕大人志云云."】]

– 권두경, 「계문제자록」

참고문헌

원전 자료

『禮記』

『論語』

『艮齋集』

『耕山遺稿』

『栢潭集』

『碧笑遺稿』

『碧笑補忘』

『雪月堂集』

『夙興夜寐箴』

『安東權氏別將公派世譜』

『安東權氏別將公派《世仕錄》』

『藥草』

『晦谷先生文集』

『晦谷先生文集拾遺』

『藏谷先生文集』

『闡孝錄目錄』

『擇軒文集』

『退溪集』

『退溪先生言行錄』

『懈軒先生文集』

권춘란 지음, 신두환 옮김, 『국역 회곡선생문집』, 보고사, 2019.

권태일 지음, 김명균 옮김, 『국역 장곡선생문집』, 성균관유도회경상북도본부, 2019.

연구 논저

문석윤, 「소재(穌齋) 노수신(盧守愼)의 「숙흥야매잠해(夙興夜寐箴解)」에 관한 연구」, 『韓國思想史學』 51, 한국사상학회, 2015.

유권종, 「晦谷 權春蘭의 생애와 학문」, 『철학탐구』 26, 중앙대학교 중앙철학연구소, 2009.

이봉규, 「『延平答問』 논의를 통해 본 退溪學의 지평—동아시아 유학사의 맥락과 연관하여」, 『東方學志』 144, 연세대학교 국학연구원, 2008.

경산잡영, https://blog.naver.com/yjmuse1/223547897591 참조.

경산정기, https://blog.naver.com/yjmuse1/223538858163 참조.

영양군, '대한민국 별천지 영양', https://www.yyg.go.kr/www/introduce/origin/name_origin?idx=56851&category_1=%EC%B2%AD%EA%B8%B0%EB%A9%B4&mode=view#none 참조.

지은이

전성건 全聖健

고려대학교 철학과를 졸업하고 같은 대학원에서 석사학위(「大山 李象靖의 心性論에 대한 硏究」)와 박사학위(「茶山의 禮治思想 硏究」)를 받았다. 고려대학교 민족문화연구원과 연세대학교 국학연구원에서 연구교수를 역임하였다. 현재 국립경국대학교 동양철학과 교수 및 퇴계학연구소 소장으로 재직하고 있으며, 퇴계학과 다산학에 대한 연구를 병행하고 있다. 논문으로는「반계 경세학에 대한 영남 유학자들의 관심과 수용」등 다수가 있고, 저서로는『정약용의 철학사상과 체제개혁론』등이 있으며, 번역서로는『다산 정약용의 사례가식』등이 있다.

경북의 종가문화 79

맑고 밝은 가을 달
깊은 골짜기 비추네,

영양 회곡 권춘란 종가

찍은 날 2025년 6월 20일
펴낸 날 2025년 6월 24일

기획 경상북도·경북대학교 영남문화연구원
지은이 전성건
펴낸이 허영우
펴낸 곳 경북대학교출판부
출판등록 1973년 10월 10일 ㉣97호
주소 대구광역시 북구 대학로 80
전화 053-950-3830
팩스 053-953-4692
이메일 press@knu.ac.kr
홈페이지 http://knupress.com

ISBN 978-89-7180-660-9 94900
978-89-7180-657-9 (세트)

정가는 뒤표지에 있습니다. 파본은 바꾸어 드립니다.